**AGISSONS AVANT
QU'IL NE SOIT TROP TARD**

des mêmes auteurs
au **cherche midi**

Imam Hassen Chalghoumi, *Pour l'islam de France*, 2010.

chez d'autres éditeurs

David Pujadas, *La Tentation du Jihad*, JC Lattès, 1995.
Vous subissez des pressions?, Flammarion, 2009.

Imam Hassen **Chalghoumi**
David **Pujadas**

AGISSONS AVANT QU'IL NE SOIT TROP TARD

Islam et République

COLLECTION **DOCUMENTS**

cherche **midi**

© **le cherche midi, 2013**
23, rue du Cherche-Midi
75006 Paris

Vous aimez les documents ? Inscrivez-vous à notre newsletter
pour suivre en avant-première toutes nos actualités :
www.cherche-midi.com

Mon combat et ma foi se résument par une phrase tirée d'une parole du Prophète où il dit :
« L'un de vous n'est véritablement croyant que s'il aime pour les gens ce qu'il aime pour lui-même... »

Imam Hassen Chalghoumi

Introduction

Un vendredi à Drancy

La première surprise vient de la mosquée elle-même. Dans ce quartier plutôt paisible de tours et de pavillons, l'édifice passe inaperçu. Pas de minaret, pas de courbes orientales, c'est un bâtiment moderne, posé entre la voie ferrée, un hypermarché Carrefour et le terrain de rugby. Nous sommes à Drancy, à cinq kilomètres de Paris, soixante-cinq mille habitants, dont un bon nombre de musulmans. Un homme de grande taille, en qamis (tunique) et chéchia (calotte) sur la tête, vient à ma rencontre. Il me tend la main avec un sourire timide. « Bonjour, je suis l'imam Chalghoumi. »

Nouvelle surprise : il est entouré de deux policiers en civil. Hassen Chalghoumi est un homme menacé. Par des islamophobes ? Non. Par des islamistes. Depuis ses prises de position en faveur de la loi contre la burqa et sa participation aux cérémonies du souvenir de la Shoah, il est devenu une cible. À deux reprises, des hommes ont été interpellés alors qu'ils tentaient de s'introduire chez lui. Des fous lui promettent la mort sur Internet. Sa femme a été suivie et insultée, sa voiture arrosée d'essence. Pendant des mois, des manifestants ont assiégé la mosquée, réclamant son départ, tentant de dissuader les fidèles.

« Ils avaient un mégaphone. Ils étaient là à hurler que j'étais un infidèle, "l'imam des Juifs", c'est leur grande insulte. Un jour, ils ont même planté le drapeau d'Israël sur le toit. Chaque semaine, il y avait des cordons de CRS. » Il a enduré les cris, les injures. Il a eu peur parfois, surtout pour son épouse et ses cinq enfants. Il a vu ces hommes réussir à entrer dans la salle de prière, haranguer les croyants, fomenter des putschs, provoquer des incidents.

Mais les fidèles ne l'ont pas laissé tomber. Au contraire. Aujourd'hui vendredi, jour de grande prière, des tapis sont installés autour du bâtiment car la mosquée ne pourra pas accueillir tout le monde. Pour l'heure, elle est encore déserte.

Hassen Chalghoumi me guide. Nous enlevons nos chaussures. La salle paraît immense.

« Elle fait six cents mètres carrés. Ici, à l'intérieur, on peut recevoir mille ou deux mille personnes, mais les jours de fête religieuse, nous sommes parfois cinq mille dedans et dehors. »

Sur les murs, près de l'entrée, les certificats de quête sont affichés. Deux mille trois cent quatre-vingt-dix euros pour Gaza, mille sept cent soixante-cinq pour la Somalie ou deux mille huit cent vingt-deux pour le Pakistan après le tremblement de terre. Les sommes sont inscrites au centime près.

L'imam fait quelques pas et évoque des souvenirs. « Ici, j'ai reçu un jour l'ambassadeur américain pour l'anniversaire du 11 Septembre. Chaque année, j'accueille aussi l'évêque de Seine-Saint-Denis, le grand rabbin, le CRIF (Conseil représentatif des institutions juives de France) et les élus : le maire Jean-Christophe Lagarde, le président du conseil général Claude Bartolone. » Il s'anime.

« La mosquée doit être un lieu de rencontre et d'échange, ouvert sur la cité. Regardez, j'ai voulu qu'il y ait des fenêtres partout. La lumière doit rentrer. On doit être transparents. L'incompréhension naît toujours des fantasmes et des préjugés. »

Hassen Chalghoumi vient de résumer en quelques mots ce qui est devenu le combat de sa vie. L'islam ne peut pas se replier sur lui-même. Il ne se pratique pas hors du temps et de l'espace. Il n'est pas désincarné. En France, il doit donc relever le défi démocratique et laïc. Non seulement la République et ses lois ne sont pas un obstacle, mais elles représentent une chance pour son évolution spirituelle et philosophique. L'imam, comme un berger, doit dresser un pont entre les deux mondes. Sa vocation est de faire émerger un islam de France qui ne peut être ni délégué ni asservi à des puissances ou des intérêts étrangers.

Peut-il être entendu ?

La visite se poursuit. Dans le hall, à côté d'une grande photo de La Mecque, une affiche attire mon regard. « La description de la prière. » Le texte énumère point par point, en français, les étapes et les règles du rite. « L'islam souffre d'abord de l'ignorance », dit-il. Au premier étage, voici la salle de prière des femmes, beaucoup plus petite et ornée d'un grand téléviseur.

« On ne se mélange pas. C'est pareil dans les synagogues, non ? Elles suivent le prêche au même moment que les hommes, par écran vidéo interposé. »

De l'autre côté du couloir, Hassen Chalghoumi me montre une salle de classe.

« Pour les enfants. C'est là que nous donnons des cours d'arabe et de religion. » Ces leçons constituent l'une des principales sources de recettes.

Nous entrons dans son bureau. Le va-et-vient est permanent. Hassen Chalghoumi a un emploi du temps de ministre car il part le surlendemain pour Israël et la Palestine. Un voyage inédit. Il insiste sur sa portée symbolique.

« J'emmène dix-sept imams de France. Ça ne s'est jamais vu. J'ai été là-bas il y a un an et, lors de ma rencontre avec le ministre palestinien des Affaires religieuses, j'avais promis de revenir avec eux. Nous irons en Cisjordanie rencontrer le Premier ministre palestinien Salam Fayyad, et juste après nous aurons un entretien avec le président israélien Shimon Peres.»

Il me montre le programme : la mosquée al-Aqsa, Yad Vashem (le mémorial de l'Holocauste), la Knesset (Parlement israélien).

«Je connais le Proche-Orient. De Gaza, j'ai ramené un jour un olivier comme symbole de paix. Regardez, on l'a planté ici, sur la pelouse, avec le maire.»

L'imam a le sens de la formule :

«Je préfère importer un arbre de paix plutôt que d'importer le conflit israélo-palestinien, qui est une affaire politique et qui n'a rien à voir avec la banlieue. La France n'est pas une excroissance du Proche-Orient.»

On frappe à la porte. Le mufti des Comoriens de France, Mohamed Ali Kassine, venu de Marseille, fait son apparition. Il sera du voyage. Les deux hommes se donnent l'accolade. «*Hamdoulilah*» (louange à Dieu).

L'heure de la prière est arrivée. Les deux imams descendent. La salle est comble, des fidèles s'agenouillent dehors malgré la pluie. Beaucoup d'hommes mûrs, peu de jeunes. Dans le bureau, restent les deux policiers du SPHP (service de protection des hautes personnalités). La discussion s'engage. L'un d'eux est musulman.

«Je ne fais jamais la prière pendant le service. Il faut un peu de souplesse et de psychologie. Pour moi, l'islam n'est pas un dogme.»

En début d'après-midi, nous sortons manger dans la galerie commerciale voisine. Hassen Chalghoumi est arrêté tous les deux mètres. Nouvelles accolades. Il y prend plaisir.

« Vous voyez ? Lui, c'est un Antillais ; lui, un Malien ; lui, il est portugais, il vient de l'autre côté du département car il aime prier ici. »

Je repense alors à ce que me disait le jour même un fonctionnaire chargé du culte à la préfecture : en Seine-Saint-Denis, l'islam serait devenu la première religion. Les musulmans seraient quatre cent cinquante mille sur une population totale d'un million cinq cent mille personnes. Près d'un habitant sur trois. La banlieue change, la France s'interroge. Au restaurant, je sors de mon sac des unes récentes de magazines. « Faut-il avoir peur de l'islam ? » « Cet islam sans gêne. » La conversation repart.

« Oui, il y a du communautarisme, oui il y a Mohamed Merah. Les gens ont peur dans leur quartier, ils ont peur devant leur télé. Je comprends ces peurs, il ne faut pas s'en offusquer même si elles sont parfois entretenues, parfois injustes. Alors qu'est-ce qu'on fait ? Moi je suis prêt... » Prêt à quoi ? Il est interrompu par la sonnerie de son téléphone. Nous apprenons que la synagogue de Pantin a été « taguée » d'inscriptions antisémites. Hassen Chalghoumi est consterné. Il s'interroge. Faut-il faire un communiqué ? Je lui fais remarquer que ce serait admettre que les musulmans sont forcément suspects. « C'est vrai. Mais je vais le faire car nous sommes voisins. C'est mon département, c'est ma famille. Un lieu de culte insulté, souillé, c'est une attaque qui nous touche tous.»

En quelques mots, il me raconte alors ce qui l'a amené à l'humanisme. Sa jeunesse en Tunisie, des parents pieux qui lui enseignent aussi l'amour de la patrie (*el watan*). Sa révolte, à l'adolescence, devant les massacres islamistes en Algérie.

«À Ouargla, en 1989, un bébé a brûlé vif dans l'appartement de sa mère. Ils l'avaient incendié parce qu'elle était divorcée et qu'on l'accusait d'être une prostituée. Elle a été défigurée par les flammes. J'étais lycéen et j'ai été épouvanté. Pour moi, l'islam avait toujours été associé à la paix intérieure et à la fraternité. Là, on revenait à la barbarie des temps anciens, d'avant l'islam. Mille questions me sont venues à l'esprit.»

Il décide deux ans plus tard d'étudier la religion et de prendre son «bâton de pèlerin». Ses frères et sœurs sont partis s'installer à l'étranger : Canada, États-Unis, France. Lui entame un voyage initiatique qui va durer cinq ans. Il séjourne en Syrie, en Turquie, dont il admire déjà la tradition laïque. Puis viennent l'Iran, qui le rebute, et le Pakistan. Il devient théologien à Lahore où il apprend l'ourdou.

Son arrivée en France remonte à 1996, lorsqu'il rend visite à son frère en banlieue parisienne. Un jour, en l'absence de l'imam, on lui demande de diriger la prière dans son foyer à Bobigny. Ses connaissances lui valent la considération. Il ne quittera plus la fonction, tout en travaillant comme médiateur à la RATP. Il est alors de ceux qu'on appelle les «grands frères».

«Je ne parlais pas de politique, mais de politesse. Et je ne tombais jamais dans la démagogie victimaire.»

Rapidement, sa manière d'être le distingue. Il associe le quartier aux fêtes religieuses, fait du porte-à-porte, offre des pâtisseries aux voisins, au commissariat, à la mairie. C'est ainsi qu'il deviendra peu à peu une figure locale.

Lorsque nous revenons à la mosquée, un homme, français d'origine, attend dans le bureau. Il s'appelle Didier, il est l'assureur de l'imam. Il m'annonce qu'il s'est converti à l'islam il y a quelques mois. Il se fait désormais appeler Nordine. Hassen Chalghoumi fait mine de s'en offusquer en riant.

«Un jour, il vient me voir ici. Je lui dis : "Bonjour, monsieur, il y a des factures impayées ?" Il me dit : "Non, je veux entrer dans l'islam." Je lui dis : "Tiens ? Mais pourquoi ?", et je rajoute en plaisantant : "Vous êtes très bien comme ça, vous savez."»

Didier, de parents catholiques, raconte que tous ses amis d'enfance du quartier sont musulmans.

«Je les voyais célébrer les fêtes, observer le ramadan, je faisais comme eux. Cette culture m'a attiré. Et puis ma fiancée était algérienne et on voulait se marier.»

Depuis, la jeune fille n'est plus là, mais il a franchi le pas. Comment s'est-il converti ?

« J'ai prononcé des phrases rituelles. Puis je me suis fait circoncire. Aujourd'hui, j'apprends l'arabe. »

Didier raconte cela posément, sans ostentation. Rien à voir avec ces convertis exaltés qui occupent le devant de la scène. « Des Français d'origine qui veulent entrer dans l'islam, il y en a beaucoup », conclut Didier avant de nous quitter.

Quelques jours plus tard, je retrouve l'imam Chalghoumi. Il vient de rentrer de son voyage des étoiles plein les yeux. La visite en Palestine et en Israël a suscité le doute, puis la curiosité, et enfin l'enthousiasme.

« On a montré que les musulmans de France ne sont pas des Mohamed Merah. Dix-sept imams en Israël, vous vous rendez compte ?! J'ai vu des jeunes. Ils m'ont dit : "Vous nous avez fait changer d'opinion." On a aussi montré la diversité de l'islam de France, il y avait des Marocains, des Sénégalais… »

Son visage s'assombrit.

« Vous savez, c'est tout de même étrange… Quand on était à Ramallah, en territoire palestinien, les enfants et les parents étaient au bord des routes pour applaudir et nous acclamer. Depuis que je suis rentré en France, j'ai reçu des menaces de mort, justement au nom de la Palestine. Qu'est-ce qu'ils ont dans la tête ? Qu'est-ce qui se passe dans ce pays ? »

Le téléphone vibre. Il décroche et se rembrunit encore.

« L'un des imams de la délégation vient de se faire bousculer dans sa mosquée. Une vingtaine de barbus ont interrompu la prière. Des salafistes. Pour eux, tous ceux qui fréquentent et reconnaissent les non-musulmans sont des infidèles. On est où, là ? »

En le quittant, je repense à ses mots.
« On est où, là ? »
Hassen Chalghoumi n'est pas le seul à s'interroger. Quel islam ? Qui ? Comment ? Et pourquoi ces signes de raidissement ?

En cet automne 2012, un sondage[1] montre que 43 % des personnes interrogées considèrent que la présence des musulmans en France représente « plutôt une menace » pour l'identité du pays.

En cette année 2012, les collectifs musulmans évoquent une « explosion » des actes islamophobes.

En cette année 2012, on n'aura jamais autant parlé de viande halal et de pains au chocolat.

En cette année 2012, Mohamed Merah et Jérémie Louis-Sidney auront semé la mort ou la terreur au nom d'une religion qu'ils connaissaient à peine.

« On est où, là ? »

Cette question, j'ai voulu la lui retourner. Parce que sa voix porte celle de millions de musulmans

---

1. IFOP pour *Le Figaro*.

français qui ne comprennent pas non plus. Parce que ces musulmans ne peuvent pas rester des spectateurs immobiles. Parce que la France doit reconnaître ceux qui se battent pour ses valeurs. Parce que nous avons besoin que se lèvent d'autres Chalghoumi.

David P<small>UJADAS</small>

1
FACE À L'ISLAMOPHOBIE

« Soyons un peu patients avec les musulmans ! »

David Pujadas : Cela fait seize ans que vous êtes installé en France. Vous sentez-vous mieux ou moins bien, comme musulman, aujourd'hui ? En quoi les choses ont-elles changé ?

Hassen Chalghoumi : Seize ans, c'est long. La situation a effectivement évolué. Elle se durcit malheureusement. Je suis d'une nature positive, optimiste, mais si l'on veut changer les mentalités, il ne faut pas se raconter d'histoires. Il y a davantage de crispations, et même de radicalisation avec notamment un islamisme extrême qui monte. C'est triste. Ensuite, comme en parallèle, l'islamophobie progresse aussi. L'intégrisme et le racisme se nourrissent l'un de l'autre. Pourquoi ? Depuis seize ans, le contexte social et économique a changé lui aussi. La vie semble plus dure, je ne parle pas seulement des conditions financières et économiques, la crise est là depuis si longtemps ! Je parle du sentiment d'isolement et d'individualisme, par exemple. Je parle également des quartiers difficiles de banlieue. Enfin, les discours politiques ont évolué eux aussi, il y a des tentations, il y a un Front national qui se fait plus facilement accepter et plus facilement entendre. Il est plus influent. Comparons les discours avec ceux des années 1996 ou 1997. Il était rare que l'on parle de l'islam de cette manière.

D. P. : Pour quelles raisons selon vous ? Les politiques ne cherchent-ils pas simplement à « coller » à l'opinion ?

H. C. : Peut-être que lorsque quelqu'un grandit et apparaît au grand jour, les visions et les regards sur lui changent. C'est le cas dans toutes les sociétés, à toutes les époques, surtout les époques médiatiques, j'imagine. Mais il faut parler aussi des musulmans. Ils ont une autre perception d'eux-mêmes. Car l'autre grande évolution concerne leur masse. Elle n'est pas identique. Elle a augmenté. Ils sont pour beaucoup de nationalité française. Ils votent, ils ont du poids, plus que leurs pères, et ils le savent. S'ils n'avaient pas ce poids, les lieux de prière ne se seraient d'ailleurs pas autant améliorés.

Il y a donc le plus visible du racisme, mais la France n'est pas raciste, et de l'extrémisme, mais l'islam est opposé aux extrémismes. Je reste certain que tout cela va aboutir à du positif.

D. P. : Pour vous, c'est une bonne nouvelle qu'il y ait aujourd'hui une croissance du nombre de musulmans ou de personnes de culture musulmane en France[1] ?
H. C. : Je dirais que ce n'est pas spécialement une bonne nouvelle. Je cherche plus la qualité que la quantité...

D. P. : Mais sans parler de prosélytisme, lorsqu'on est curé on a envie que son église soit remplie ; quand on est imam on recherche sans doute la même chose...
H. C. : Bien sûr, il ne faut pas être hypocrite. Il ne faut pas le cacher. Oui, on est ravis que la mosquée se remplisse, que les fidèles la respectent. Quelqu'un qui ne respecte pas ses propres racines et culture, il est certain qu'il va lui manquer un équilibre. Il faut être fidèle à nous-mêmes, et cela n'a rien d'incompatible avec la fidélité à nos valeurs françaises, ça, c'est clair. Mais en même temps, oui, on essaie de chercher la qualité, d'améliorer. On ne cherche pas à ce que le

---

1. Les dernières estimations, et notamment celle de la démographe Michèle Tribalat, indiquent qu'il y aurait aujourd'hui entre quatre et six millions de musulmans en France. Un chiffre qui augmente à un rythme modéré, mais avec de fortes disparités selon les régions ou les départements.

nombre de musulmans augmente, comme un raz-de-marée, pour faire peur.

D. P. : Pas pour faire peur, mais disons qu'en France, alors que la religion recule, alors qu'il y a de moins en moins de catholiques pratiquants et que leur âge augmente, on observe que dans l'islam, ce sont souvent des jeunes qui pratiquent et aiment afficher leur foi...
H. C. : Absolument. On le voit chaque jour...

D. P. : Et ce mouvement inversé crée des interrogations. Premier point : vous dites que la France n'est pas islamophobe...
H. C. : Je le dis, oui. Je le sens. On ne peut pas donner cette image-là de la France. N'oublions pas que, lors de la vague d'attentats islamistes de 1995, la réaction a été très mesurée. Il n'y a pas eu de mouvement d'opinion haineux contre les musulmans, pas du tout. Il peut y avoir du rejet, de même que chez nous, les musulmans, il y a de l'intégrisme. Mais c'est une minorité. Attention ! Une minorité, si on n'agit pas, peut grossir et gangrener. Au départ, ce sont des groupuscules, puis d'autres, puis d'autres encore. Récemment, j'ai senti la peur lorsque l'un de ces groupes a envahi le chantier d'une mosquée à Poitiers. Ils ont tenté de le saccager. J'ai lu aussi qu'on avait mis une tête de porc en face d'une mosquée. Oui, cela fait froid dans le dos.

D. P. : D'après vous, ce rejet existait-il déjà tout en restant silencieux, peut-être honteux, ou bien est-il plus fort qu'avant ?

H. C. : Il existait déjà. Je pense qu'avec les moyens de communication d'aujourd'hui, surtout Internet, il a plus d'écho, il se montre et il grossit. Ces groupes sont plus apparents aujourd'hui et ont moins de mal à enrôler des gens. Mais le sentiment lui-même existe depuis longtemps.

D. P. : Il y a les extrêmes et il y a monsieur et madame Tout-le-monde. Vous avez sans doute entendu des personnalités comme Véronique Genest, par exemple, qui dit : « Moi, je crains l'islam », ou Claude Imbert, le fondateur du *Point*. Il avait indiqué à la télévision : « Oui, je suis un peu islamophobe, ça ne me gêne pas de le dire. » Vous le prenez comme un débat d'idées sur le Coran et l'histoire religieuse ? Ou bien comme une insulte ?

H. C. : S'il y avait une même loi que celle qui existe contre l'antisémitisme, il aurait été jugé. En même temps, si ce n'était que moi, je tendrais la main. Je dirais : « Venez parler, dites-moi en quoi vous détestez la religion musulmane. » Peut-être que Claude Imbert mélange l'immigration et l'islam, la pratique de certains jeunes musulmans ignorants et l'islam.

D. P. : Il y a maintenant deux organismes au moins qui recensent les actes islamophobes. Pour eux, ces faits sont en augmentation et personne n'y prête vraiment attention. Êtes-vous d'accord ?

H. C. : Il y a des intentions politiques dans tout cela, malheureusement, et je n'aime pas que la politique se mêle à la religion. L'islamophobie elle-même tend à être utilisée par certaines mouvances pour faire leur promotion, pour lutter aussi contre la liberté d'expression. Je vois que même les caricatures du Prophète dans *Charlie Hebdo* sont assimilées à de l'islamophobie. Or, ces caricatures sont irrespectueuses et d'un goût extrêmement médiocre. Je ne les approuve pas, mais c'est le principe même de la presse satirique. Donc soyons vigilants mais n'agitons pas les peurs et les tensions.

D. P. : Lorsque le collectif contre l'islamophobie en France estime qu'il y a deux poids et deux mesures par rapport aux condamnations pour antisémitisme, vous êtes sceptique ?

H. C. : Dans quel sens ? Vous savez, si on mélange l'antisémitisme et l'islamophobie, pardonnez-moi, on est mal partis. Il faut avoir peu de mémoire. Qu'avons-nous subi, nous, par rapport aux Juifs, et notamment ici, en France ? La Seconde Guerre mondiale, toutes ces rafles, tous ces morts... En France, il y a eu des dizaines de milliers de déportés. Ce genre de comparaison n'est pas raisonnable. Elle cache souvent des arrière-pensées et même, indirectement, une haine contre les Juifs. C'est ainsi que je le ressens.

D. P. : Et là, c'est l'imam de Drancy qui parle, Drancy où se trouvait le camp de concentration pendant la guerre ? Ou avez-vous toujours eu cette sensibilité ?
H. C. : Toujours.

D. P. : Parce que ici vous êtes dans un lieu spécifique, vous le racontez dans un livre[1]. Vous dites : « Le jour où j'ai réalisé ce qu'ont été ces camps... »
H. C. : ...Voir la vie humaine bafouée au nom de telles haines... Bien sûr que Drancy est la mémoire de cette histoire et que cela fait réfléchir différemment... ou plutôt ressentir différemment. Comme je l'ai dit tout à l'heure, tant qu'on n'a pas compris l'importance de la vie humaine par rapport à notre foi, par rapport à notre religion...

D. P. : Il n'y a pas deux poids deux mesures, quand on est musulman en France ou quand on est juif en France ? On ne se sent pas davantage protégé ou pris en compte par les autorités quand on est juif en France, comme le disent certains de ceux qui luttent contre l'islamophobie ?
H. C. : C'est honteux de parler comme ça, honteux. C'est cela qui va enflammer, chauffer l'esprit des jeunes.

---

1. *Pour l'islam de France*, avec Farid Hannache, le cherche midi, 2010.

Ce sont des racistes. Je trouve qu'il faut vraiment faire attention. Le racisme existe, il faut lutter contre. Mais pourquoi est-ce qu'on compare les Juifs et les musulmans ? Il y a des mauvaises pensées. On est là en train de déchirer, de diviser, au lieu de tenir un discours où on est ensemble.

D. P. : Vous dites qu'on ne peut pas comparer à cause de ce qu'ont subi les Juifs ici pendant la Seconde Guerre mondiale ?

H. C. : Bien sûr. Et en même temps, quand on parle de l'histoire et de la Shoah... Un jour, quelqu'un m'a dit : « Pourquoi est-ce que vous parlez de la Shoah ? » J'ai répondu : « Si je parle de cette histoire, c'est parce qu'elle nous protège nous-mêmes. » C'est la minorité qui était là en 1940 qui a subi cela. Gardons-le à l'esprit. Car si, au nom de la patrie, comme certains partis politiques le disent, ou au nom de l'identité, ou au nom de la politique de la peur, ou de je ne sais pas quoi, nous subissons aussi les mêmes regards de travers, la même haine, il faudra s'en souvenir. Par conséquent, parler de la Shoah et de l'histoire, parler de l'antisémitisme, c'est se protéger. Par qui a été fondée la LICRA[1] ? Qui la fait grandir ? Des citoyens de confession juive. La LICRA, SOS Racisme, tout cela nous concerne tous.

---

1. Ligue internationale contre le racisme et l'antisémitisme.

D. P. : Vous aimez rappeler qu'il y a une histoire de cœur et de courage entre les musulmans et les Juifs en France, que la mosquée de Paris a abrité et sauvé de nombreux Juifs pendant la Seconde Guerre mondiale. On ne le sait pas beaucoup... Vous aimez penser que ces destins sont liés.

H. C. : Absolument. D'abord, nous sommes une famille, des cousins. Les enfants d'Abraham, d'Ismaël, d'Isaac... Deuxièmement, que s'est-il passé au Maroc? Le roi a protégé les Juifs. En Tunisie, le bey[1] a protégé les Juifs. La grande mosquée était devenue un haut lieu de la résistance à Paris, un point de ralliement. Beaucoup de Français d'Algérie étaient des FTP. Ils étaient engagés alors qu'ils n'étaient même pas considérés comme des citoyens français ! Le recteur, Kaddour Ben Ghabrit, a pris encore plus de risques. Il a délivré des certificats d'identité musulmane à des centaines de Juifs, peut-être plus, des historiens parlent de mille six cents personnes. Il l'a fait naturellement, on se serrait les coudes entre «gens du livre»... Il a même été décoré pour cela après la guerre. Parmi ces Juifs, il y avait d'ailleurs un chanteur assez célèbre à l'époque, Salim Hilali. En Turquie aussi... D'ailleurs, il ne faut pas que les Juifs l'oublient, parce qu'il existe certains extrémistes dans la communauté juive qui, aujourd'hui, accusent l'islam et les musulmans. Avant le conflit israélo-palestinien, il n'y a jamais eu de

---

1. Le bey était en quelque sorte un préfet dans les provinces de l'Empire ottoman. En Tunisie, il disposait de réels pouvoirs.

soucis avec la communauté juive. On vivait en harmonie, ils étaient conseillers, ils étaient proches, ils étaient la finance, ils étaient mécaniciens, ils étaient bouchers, ils étaient instituteurs, ils étaient la confiance. Au Maroc, en Tunisie... Djerba : cela fait plus de dix-sept siècles que la synagogue existe. L'islam est arrivé bien plus tard.

D. P. : Jean-François Copé a-t-il eu raison de brandir l'histoire des pains au chocolat ?

H. C. : Je ne dis pas qu'un incident de ce genre n'a jamais pu exister. Je suis disposé à le croire. Mais est-ce que cette exploitation n'est pas disproportionnée ?

D. P. : Vous reconnaissez que cela existe ?

H. C. : Il y a quelques cas, quelques abrutis – pardonnez-moi l'expression –, quelques jeunes, mais on ne va pas généraliser... En plus, ce sont des enfants, des gamins. Faut-il provoquer un débat politique pour cela ? Faut-il encore pointer du doigt la communauté musulmane ? Au risque que la polémique soit récupérée par l'extrême droite ? Nous, les musulmans de France, nous avons besoin d'entendre de temps en temps des paroles valorisantes, positives. Au lieu de parler de pains au chocolat, pourquoi est-ce qu'on ne dit pas, dans l'Éducation nationale, que un ou dix étaient des chiffres romains et que ce sont les Arabes qui ont inventé le zéro ? Le signaler, simplement. Et l'enfant d'origine arabe, français, qui rentre à la maison dira : « Papa, écoute ce qu'ils ont dit à l'école. » Pourquoi est-ce qu'on ne dit pas que l'algèbre est une invention arabe ? Le mot vient de l'arabe *al-jabr*... Au lieu de parler de pains au chocolat !

D. P. : On peut se demander tout de même si, malgré l'aspect marginal, puéril, imbécile sans doute, cela ne mérite pas d'être dit parce que ce serait révélateur de quelque chose, d'un islam plus offensif par exemple ?

H. C. : C'est sûr, et je suis le premier à le dénoncer. Il y a un islam radical qui monte. Il y a un islam communautariste qui monte également. Mais quelle est la solution ? Qu'est-ce qu'on fait ? Est-ce que la solution est de matraquer l'opinion avec la politique de la peur ? Est-ce que la solution est de se dresser l'un contre l'autre, dos à dos ?... Dénoncer les extrêmes, je suis cent pour cent d'accord. Dénoncer l'intégrisme, oui. Dénoncer le racisme, oui. Dénoncer le communautarisme, oui. Faire appliquer les lois sur la laïcité et l'ordre public, oui. Mais autant de bruit pour ce pain au chocolat ! Je trouve que c'est un boulet dont on n'a pas besoin. D'autant que si l'on va au bout des choses, où arrive-t-on ? Aux parents. En théorie, les professeurs ou les parents doivent signaler de tels agissements. Alors on convoque les parents, on parle avec l'enfant, on cerne les causes pour trouver des solutions. Mais on ne cherche pas à stigmatiser ou à exploiter cela à des fins politiques, avec les conséquences qu'on imagine. Certains vont évidemment dire : « Regardez, ils ne nous aiment pas... » Avec ces déclarations du type « pains au chocolat », on apporte de l'eau au moulin des malades mentaux qui tiennent des discours de haine.

D. P. : Beaucoup en France ont le sentiment qu'on peut « bouffer du curé » allègrement, mais que, lorsqu'on caricature Mahomet, par exemple, ou lorsqu'on publie sur Internet un film qui le ridiculise, c'est la révolte. Si l'on est attentif, ce n'est qu'à moitié vrai car deux cents manifestants, à peine, devant l'ambassade américaine à Paris, c'est peu. Comment voyez-vous les choses ? Le verre est-il à moitié vide ou à moitié plein ? Les musulmans ont-ils compris qu'on est dans une société de la dérision ?

H. C. : Je crois qu'ils le comprennent peu à peu. Deux cents personnes par rapport à six millions, ce n'est rien. Moi, j'ai été clair : lorsque le bâtiment de *Charlie Hebdo* a été attaqué il y a deux ans, j'ai condamné l'agression. J'étais un des rares à le faire publiquement et sans réserve. Je pense profondément, et je le dis aux fidèles, que la violence n'est en aucun cas une réponse. La bonne réplique, si l'on en cherche une, serait d'utiliser les mêmes armes que les caricaturistes ou les journalistes. Répondre au dessin par le dessin, à la dérision par la dérision. Tous les musulmans peuvent-ils le comprendre ? Bien sûr que non. Parce que beaucoup ne lisent jamais *Charlie Hebdo* et pensent donc que l'islam est sa seule cible. Là-dessus, le temps doit faire son effet.

Sur le fond des choses, et je reviens à votre interrogation, je me pose la question : faut-il prendre la liberté d'expression ou la liberté de la presse en otage pour l'utiliser à des fins économiques ou politiques ? Cela reste difficile à approuver. Les caricaturistes eux aussi pourraient être un peu psychologues, surtout lorsque la période est difficile et qu'il en va de la vie de nos concitoyens à l'étranger.

D. P. : Donc, la liberté, c'est sacré, mais, selon vous, publier ces dessins n'était pas très malin ?

H. C. : Le pays aussi est sacré, nos citoyens à l'étranger aussi sont sacrés. Pendant des jours, les enfants dans certains pays n'ont plus pu aller à l'école. Dans ce genre de circonstances, on entend : « Si on renonce, on baisse les bras face aux fanatiques. » Mais qu'est-ce que ça veut dire ? L'intérêt général, cela existe ! La responsabilité aussi. Ce monsieur, ce journaliste qui a écrit, dessiné ou filmé ça, il est quand même bien protégé, il travaille dans son bureau. Mais malheureusement, des milliers de nos concitoyens à l'étranger, eux, risquent gros. Tout cela pour quoi ? Que cherche-t-on en montrant le Prophète tout nu ? Aucun musulman ne va l'accepter. Si *Charlie Hebdo* avait existé au XVIIe ou au XVIIIe siècle et avait montré Jésus tout nu, les dessinateurs et les journalistes auraient été massacrés, assassinés. On est d'accord ? Donc soyons un peu patients avec les musulmans.

Encourageons-les. Donnons-leur le temps. C'est le moment d'y réfléchir.

D. P. : C'est une belle formule, mais peut-on attendre ? La France ne veut pas changer un modèle qu'elle a mis longtemps à faire émerger : il n'y a pas de communautés de religion, pas de communautés tout court...

H. C. : Bien sûr. Je trouve qu'on est tout de même parfois intransigeants, nous les Français. J'ai été en Angleterre. J'ai observé que les Anglais se moquaient de la façon dont chacun s'habille. Nous, les Français, on doit être tous identiques, tous pareils. On entend : « Sois comme moi ! » C'est flatteur en un sens, parce que cela signifie qu'on est considéré comme un Français à part entière alors qu'on peut imaginer que les Anglais s'en moquent : « Tu es un étranger, tu restes un étranger. » Mais, en même temps, c'est impossible. Aux États-Unis aussi cette diversité amène beaucoup de richesses... Et les extrêmes sont faibles. Ils ne parasitent pas la vie publique. En France, les extrêmes s'appuient sur notre modèle pour tout critiquer. Alors qu'il y a des réussites formidables. Il y a des Zidane dans la politique, il y a des Zidane dans l'éducation, il y a des Zidane partout, mais il faut les valoriser, il faut donner de l'écho au positif. Regardez le nombre d'enfants de l'immigration qui ont réussi dans le cinéma. Ils sont des dizaines. Moi, je les donne en exemple, j'adore le cinéma. En général, un imam ne donne pas ces exemples. Moi, je le fais.

D. P. : Vous allez au cinéma ? On n'a pas forcément cette image-là d'un imam...

H. C. : C'est un art. C'est aussi un moyen d'échange. Je vais vous donner un exemple : *Mauvaise Foi*, c'est un film que j'ai trouvé intelligent et drôle. L'histoire d'un couple, elle juive, lui arabe, ils vont avoir un enfant. Les familles s'en mêlent. Tout le monde devrait le voir, tous ceux qui sont tentés par l'extrémisme ou la démagogie. Et je ne dis pas cela parce que Roschdy Zem, le réalisateur et acteur, est originaire de Drancy. C'est un film formidable. Il parle de la réalité, avec le sourire. Si on arrivait à se sourire de temps en temps...

2
FACE À LA VIOLENCE ET AU COMMUNAUTARISME

« J'en appelle d'abord aux parents »

D. P. : Au cours l'année 2012, deux noms ont marqué les esprits. Mohamed Merah et Jérémie Louis-Sidney. Dans les deux, cas il s'agit d'enfants nés en France, élevés en France, et qui sont passés de la délinquance à l'extrémisme, puis au terrorisme. Que répondez-vous au sentiment de peur, et donc de méfiance ?
H. C. : Il n'y a pas de fumée sans feu. Bien sûr que je comprends la peur. L'islam en est l'objet, injustement à mon sens, car c'est mal connaître cette religion. N'oublions pas d'abord que les parents de ces enfants-là sont des coupables et aussi des victimes. Oui, les parents ont peur que nos enfants dérivent. Nous, les musulmans, nous payons donc doublement : nous payons si nos enfants deviennent des fanatiques qui passent à l'acte, et nous payons aussi par cette méfiance et, parfois, ce racisme. Même si quelqu'un, à Toulouse ou

ailleurs, commet un acte qui n'a rien à voir avec l'islam, un déséquilibré, un fou, un assassin, nous payons.

D. P. : C'est certainement injuste, mais les regards se tournent effectivement vers vous, les imams, les guides de la religion musulmane en France.
H. C. : Exactement.

D. P. : Et que répondez-vous ?
H. C. : Je demande qu'on redouble d'efforts. C'est notre devoir. Il faut le faire.

D. P. : C'est-à-dire ?
H. C. : Nous devons redoubler d'efforts pour aller vers les autres. Il faut s'ouvrir aux autres. Si nous nous fermons, nous les musulmans, ce sera une impasse. Les préjugés vont s'aggraver.

D. P. : Mais avez-vous les moyens de contrôler ces brebis galeuses ?
H. C. : Impossible ! On ne peut pas le faire, malheureusement. Avant, il s'agissait de groupes, plus ou moins organisés. On pouvait avoir un œil sur eux. Aujourd'hui, ce sont des individus, des jeunes, on ne les voit pas toujours partir à la dérive. Tout le monde doit être vigilant, et notamment les parents. J'en appelle d'abord à eux ! Les parents doivent veiller sur leurs enfants et les surveiller, les tenir d'abord loin de la drogue et de cette délinquance qui ruinent les vies et égarent les esprits. En

ce qui concerne la religion, les parents peuvent être fiers de voir leurs enfants avoir la foi, mais il faut, là aussi, être attentif à l'état d'esprit de son enfant, écouter ses propos, sa façon de parler, sa manière de réagir, connaître les sites Internet qu'il consulte. C'est là parfois qu'on se rend compte du danger. C'est aux parents aussi d'associer l'amour de l'autre à la pratique religieuse, de tous les autres. Il faut expliquer l'islam, le vivre comme une libération, jamais comme un glaive. Si l'enfant jeune vit cela dans sa famille, il le conservera sûrement toute sa vie.

Ensuite, il y a l'école. Si l'on perçoit qu'un enfant a un comportement un peu spécial, il faut réagir. Pas spécial parce qu'il fait le ramadan, ou parce qu'il y a une histoire de « pains au chocolat ». Mais il y a des marqueurs de l'extrémisme, des signes qu'il faut déceler.

D. P. : Lesquels ?

H. C. : Le vocabulaire par exemple. Lorsqu'on entend certaines insultes, « mécréant », « infidèle » (*kafir*), « ennemi de l'islam », « ennemi d'Allah ».

D. P. : Mais n'est-ce pas à vous de déceler ce discours dangereux et servir en quelque sorte de donneur d'alerte ?

H. C. : Absolument, c'est à nous aussi, les imams, dans nos lieux de prière, dans nos prêches, dans notre entourage, face aux parents et aux fidèles qui nous sont confiés. Oui, c'est notre rôle, mais il est forcément limité.

D. P. : Avez-vous déjà, vous, décelé de tels comportements, senti de telles dérives ?

H. C. : Oui, lorsque les parents viennent et vous disent : « Voilà le cas de mon fils... » Dans ce cas, on tente de les aider.

D. P. : Cela s'est déjà produit ?

H. C. : Oui. J'ai eu à connaître le cas d'un jeune, pas loin, à La Courneuve, un garçon qui venait de commencer la prière. Il était militaire. J'ai reçu un coup de fil : « Voilà, monsieur l'imam, on a eu votre numéro de la part d'un ami, on a un problème avec notre fils, il vient d'arrêter l'armée. Il est devenu très pieux, on était contents, fiers qu'il retrouve les valeurs de ses origines, mais là ce ne sont plus nos valeurs, il bascule vers l'extrême, il a arrêté le travail, il veut partir pour apprendre l'islam. Il dit qu'ici ce n'est pas un pays musulman, qu'on ne peut pas vivre sa foi, qu'il n'y a que des ennemis d'Allah. » Je me suis dit que ce n'était pas bon signe. Je leur ai demandé où il souhaitait partir. Réponse : au Yémen. Pour quatre ou cinq mois. Cette fois, cela me paraissait clair : il y avait danger. Cela ressemblait à une rupture. Une rupture totale. Je leur ai dit : « Faites attention, il est sûrement manipulé. On lui dit d'aller au Yémen, soi-disant pour étudier, mais étudier, alors qu'il ne connaît rien... il basculera facilement dans le fanatisme ou l'extrémisme armé. »

D. P. : Les avez-vous convaincus ?

H. C. : Je leur ai dit : « Faites attention, faites tout votre possible, dialoguez, y compris avec ses plus proches, les gens qui ont une influence sur lui, allez même voir les autorités… Si vous ne trouvez pas de réponse, il faut que les autorités soient prévenues. » Je n'ai pas eu de retour ensuite.

J'ai eu affaire récemment à un autre cas, celui d'un converti qui habite Montreuil. Sa mère est venue me voir, elle ne travaille pas très loin de la mosquée. Elle m'annonce : « J'ai entendu parler de vous », et elle fond en larmes. Elle m'explique qu'elle est d'origine chrétienne, non pratiquante, que son mari est juif, non pratiquant lui aussi, et que leur enfant est entré dans l'islam. Je lui demande alors où est le problème : il est tout de même libre, ce jeune homme ! Elle me raconte ensuite que, après un long séjour de quinze mois en Australie, il est revenu avec une barbe « comme ça », et que son comportement avait changé. Il n'était plus le même. Il était dur, sévère. Il a commencé à leur imposer des choses, à leur interdire la télévision par exemple, ou encore la musique. Puis elle est tombée sur un site Internet que regardait son fils. Un site apparemment extrémiste. Je l'ai écoutée me raconter toute l'histoire. À la fin, je lui ai proposé de rencontrer son fils. J'ai demandé à le voir.

D. P. : Est-il venu ?

H. C. : Oui. Lorsqu'il est entré, il m'a dit bonjour. J'ai répondu : « Nous, les musulmans, on dit *"Salam* *aleykum"* (Que la paix soit avec toi). » J'avais bien compris son intention. Il voulait me faire comprendre qu'à ses yeux je ne méritais même pas ce « *Salam aleykoum* » parce que j'étais un traître, un vendu, un **kafir**. Il y avait trois imams avec moi. Je les ai désignés : « Lui a été à Médine, lui a étudié aussi... » Je l'ai regardé et j'ai ajouté : « Ta barbe est plus grande que la nôtre, bien que nous ayons passé des années à étudier les livres. Tu dois être un grand mufti. » Il m'a dit : « Non, ça ne fait pas longtemps que je suis entré dans l'islam. » Je lui ai répondu : « Moi j'ai étudié, regarde tous ces ouvrages ; et les imams ici également, alors je te propose de t'aider. Nous sommes fiers, tu es entré dans l'islam, tu l'as choisi librement, tant mieux, tes parents te respectent. Mais leur imposer des choses que Dieu même n'a pas imposées, ce n'est pas être un bon musulman... » Il nous a expliqué alors qu'il voulait partir en Arabie saoudite. Pourquoi ? Pour étudier. « Mais tu ne parles même pas l'arabe », lui ai-je dit. Je lui ai conseillé de commencer par là, lui ai expliqué qu'il y avait des cours ici, des livres, des moyens, qu'il pourrait apprendre sa religion, qu'Internet n'était pas le Coran. Le dialogue s'est poursuivi.

D. P. : Avez-vous eu des nouvelles de lui ?

H. C. : D'après sa mère, qui m'a laissé deux ou trois messages, ça va. Elle m'a remercié. Elle semble avoir renoué un lien avec lui.

D. P. : On a le sentiment que ces dérives ressemblent plus à des fuites en avant qu'à des engagements spirituels. Plus généralement, et sans évoquer ces cas très isolés du terrorisme, beaucoup de sociologues estiment que l'islam de la nouvelle génération devient plus communautaire et revendicatif. Un islam qui répond à une quête d'identité et à un discours qu'on pourrait résumer ainsi : «Je ne trouve pas vraiment ma place dans cette société, donc je me construis contre elle, ou, au mieux, à côté d'elle.»
H. C. : Exactement.

D. P. : Cet islam-là, même s'il est minoritaire, semble dynamique. Comment l'appréhendez-vous ?
H. C. : D'abord, il faut comprendre les conditions de vie de cette génération. Par exemple, un jeune naît ici à Drancy. Père algérien, mère tunisienne. Divorce. Dans nos quartiers, cette question du divorce est centrale. Y compris d'un point de vue économique. Il y a beaucoup de cas de femmes isolées, beaucoup. Elles peinent à avoir de l'autorité. Cela s'ajoute au vide laissé chez l'enfant... Ce jeune, quand il part en Algérie, au Maroc, en Tunisie, il ne parle pas l'arabe. Il est rejeté. C'est un émigré. Quand il revient en France, c'est la même situation : il ne se sent pas toujours chez lui. À l'école, c'est un Arabe. À quatorze ans, c'est un délinquant (bien sûr, je généralise, on parle là de ceux qui s'égarent). Que lui reste-t-il pour trouver un signe positif dans sa vie ? Il dit : Je suis un musulman, je suis fier de l'islam, on est forts,

Allah akbar (Dieu est plus grand). Ça ne l'empêche pas, souvent, d'aller en boîte de nuit, haschich, drogue, tout le contraire de l'islam. Et parfois de se livrer au trafic.

L'autre point, c'est Internet. Tout se mélange. Le religieux et la politique. Il y a beaucoup plus de sites Internet musulmans qui parlent de la Palestine et du conflit israélo-arabe que de l'islam. D'où la focalisation sur les Juifs. L'ennemi numéro un, c'est les Juifs. Les plus riches, c'est les Juifs. Ceux qui manipulent le monde, c'est les Juifs. Untel, c'est un Juif.

Quand ils regardent en général un homme de pouvoir, vous savez ce qu'ils me disent ? « Sarko : Juif. » Ensuite, voilà Hollande. Je leur dis : « Et Hollande ? » « Sa femme est juive. » « Elle, Juive ? Ah non ! » « Ne t'inquiète pas, tous ses conseillers sont des Juifs… » répondent-ils alors. C'est comme ça dans leur tête, d'une manière…

D. P. : … paranoïaque.

H. C. : Oui. Et c'est dangereux. Ils croient vraiment à cela. Et comment est-ce qu'on peut, nous, lutter contre ? Il faut mettre du positif. Dans l'école. Valoriser…

D. P. : Mais, encore une fois, les imams ont-ils des leviers ? Parce que les ressorts que nous décrivons là ne sont pas religieux. Ces jeunes se réclament de l'islam, mais ils pourraient trouver cette revanche ou cette identité ailleurs…

H. C. : Tout à fait. Et le pire est qu'on en subit, nous, les conséquences. On est montrés du doigt. On peut parfois reprocher leur passivité aux imams et je vous expliquerai tout à l'heure pourquoi, d'après moi, la question essentielle est celle de leur formation et de leur citoyenneté. Mais le mal ne vient pas d'eux. Il y a un terreau : le divorce, les problèmes d'identité, le chômage, la perte du lien humain et de l'autorité. Et puis, il y a les déclencheurs. Quels sont-ils ? Je vous l'ai dit : très souvent ils viennent d'Internet. C'est très difficile, très compliqué d'agir. Beaucoup de ceux qui créent ces sites sont des groupuscules hors de nos frontières. Ils sont intelligents maintenant, les intégristes, ils connaissent très bien les moyens de ne pas se faire attraper : les portables, Internet, ils savent comment faire passer leur message.

Et enfin, laissez-moi vous dire quelque chose : il manque la fierté d'être français. Le patriotisme n'existe pas. Pour les jeunes dont on parle, qui sont nés en France, la France, ce n'est rien. Être français, cela veut dire à leurs yeux manger du porc et boire de l'alcool. Non, frérot, je ne suis pas un Breton, moi, je suis un musulman. Et ensuite, certains ajoutent : « Je suis algérien. » Les Algériens sont un cas à part. Pourquoi ? Les chibanis[1], quand je parle avec eux, me racontent qu'il est difficile pour eux de dire à leurs enfants : « Vous êtes des Français », parce qu'il y a le conflit avec leur passé, la guerre d'Algérie. Leur grand-père a été assassiné par des soldats... Ce qui fait que ce n'est pas simple pour eux.

1. Immigrés de la première génération arrivés dans les années 1960 ou 1970.

Ce qu'a fait François Hollande[1] est tout de même quelque chose de positif. C'est très important. Ça y est, c'est le passé, c'est fini, on commence une nouvelle phase. Je trouve que cela compte. Ça joue dans l'éducation de milliers d'enfants.

Mais vous voyez qu'au milieu de tout cela les repères se brouillent, tout se mêle et la religion est investie de beaucoup trop de choses. Elle devient un signe de ralliement, et parfois une arme.

D. P. : Vous parlez d'arme. On entend parfois dire aussi que, Mahomet ayant été un chef de guerre en plus d'être un commerçant, l'islam, pour ceux qui n'en ont qu'une connaissance superficielle, serait une religion de combat, une religion qui cherche à convertir et à conquérir. Y a-t-il là un péril ?

H. C. : Je ne partage pas cette analyse. Bien sûr, certains passages isolés du Coran peuvent prêter le flanc à des interprétations belliqueuses. Mais l'islam est une religion de paix et du vivre ensemble. D'abord, le Prophète s'appuie sur les autres textes sacrés. Dans notre Livre, le nom de David (« Daoud »), les noms d'Abraham ou de Moïse sont davantage cités que celui de Mohamed. Mohamed est nommé sept fois, Abraham quarante-trois fois.

---

1. En reconnaissant le caractère « brutal et injuste » de la colonisation lors de sa visite en Algérie. *(N.D.A.)*

Ensuite, il y a le contexte : l'islam est arrivé chez les Arabes. Pourquoi pas chez les Perses, les Romains, les Indiens, ou chez les Chinois, qui appartenaient à une civilisation forte ? Pour moi, c'est parce que les tribus arabes avaient du mal à s'organiser et à s'entendre avec les autres peuples. Les guerres intestines étaient continuelles, pour de simples questions de dates ou de poésie. La société était chaotique, marquée par des massacres, des pratiques barbares. L'islam nous a fait entrer dans la civilisation. Il a uni les Arabes. La polygamie existait avant l'islam chez la plupart des peuples sur Terre. L'islam est venu l'encadrer. L'esclavage existait aussi bien sûr avant Mohamed. Dieu dit dans le Coran : « Si vous libérez un esclave, vous serez récompensé. » C'est-à-dire que, d'une manière ou d'une autre, il libère les esclaves.

D. P. : Êtes-vous en train de dire que ce côté guerrier, conquérant, et puis par ailleurs polygame et esclavagiste, était un trait de la société de l'époque, mais pas un trait spécifique à l'islam ?

H. C. : Tout à fait. Lorsque Mohamed est revenu à La Mecque[1], il aurait pu se venger. Ceux qui l'avaient chassé lui ont demandé : « Qu'allez-vous faire de nous ? », il a répondu : « Le pardon. » Il leur a tous pardonné. Je ne dis pas qu'il n'y a pas eu de guerre.

---

1. Dont il avait été chassé treize ans plus tôt. (*N.D.A.*)

Lorsqu'il était à Médine, il y a eu des batailles, c'était une question de vie ou de mort.

Mais les messages essentiels sont des messages de paix.

Beaucoup de confusion vient du fait qu'on confond le monde arabe et le monde musulman. Les Arabes, c'est un peuple, ce n'est pas une religion.

Or, quand on parle d'islam, on focalise beaucoup sur les Arabes. Je vais vous raconter une anecdote. Je suis allé en Inde. J'ai rencontré là-bas un grand savant indien, soufi, un homme formidable, un esprit. Il y avait avec moi un Arabe et deux Indiens. J'étais assis, et j'entends l'Arabe du Golfe dire : « Moi je suis fier, je suis arabe, comme le prophète », arabe par-ci, arabe par-là. Orgueil ! Ce n'était pas exprimé comme l'amour ou la fierté de la France. La France n'est pas un peuple. C'est une nation, pas un peuple. Quand je dis : « Je suis français », je suis fier de la France, je parle d'une histoire, je parle de valeurs. Cet homme-là disait autre chose, il était orgueilleux. Le savant l'a regardé et a dit : « Vous savez pourquoi vous êtes fier d'être arabe ? Parce que Dieu a choisi un prophète arabe. S'il l'avait choisi turc, vous ne seriez pas si orgueilleux. Et là, par pitié, par amour pour vous, Dieu l'a choisi arabe... » Il a rappelé que le livre du Coran est écrit en arabe (et traduit dans toutes les langues). Mais qu'il y a aussi les livres des hadiths, les livres des paroles du Prophète. Il y en a six : aucun n'est en arabe. Imaginez : les grands savants de l'islam ne sont pas arabes ! Aujourd'hui, les plus grands pays de l'islam ne sont pas arabes non plus : l'Indonésie, l'Inde, le Pakistan... Les Arabes sont trois cents millions sur un milliard deux cents millions de musulmans. Pourtant, dès qu'on parle d'islam, on pense aux Arabes.

D. P. : En quoi cette confusion est-elle dommageable ?

H. C. : Parce que aujourd'hui les problèmes du monde arabe sont politiques et pas religieux. Le nationalisme arabe. Le problème israélo-palestinien, qui n'avait absolument rien de religieux au départ. Rajoutez l'argent et le pétrole.

D. P. : Si l'on vous suit bien, en France par exemple, une partie des problèmes qu'on attribue à la cohabitation avec l'islam ont plutôt à voir avec l'histoire de la France avec les pays arabes ?

H. C. : Voilà. En France, qui sont les Arabes ? Il n'y a que trois pays : l'Algérie, la Tunisie, le Maroc. Trois anciennes «colonies» françaises. Donc trois histoires compliquées, surtout côté algérien. Il y a un blocage avec l'Algérie. Les enfants disent : «Je ne peux pas me reconnaître en tant que citoyen français tant que la France ne reconnaît pas ce qu'elle a fait en Algérie.» Ça, ça bloque au niveau des générations. Donc au niveau des parents. Moi, quand je demande aux parents : « Vous êtes patriotes, vous êtes des Français ? », ils répondent : « Oui. » « Ah oui ? réagissent alors leurs enfants. Mais, papa, on n'est pas des gaouris[1]. » À cet enfant, je dis : « Non, tu n'es pas gaouri, mais tu es en France et tu es français. Tu n'es pas obligé d'être gaouri, breton, pour être français. Il y a beaucoup de Français qui viennent d'ailleurs. » Mais dans sa tête, ça trotte : tu es français et ta religion est musulmane... Vous rajoutez le conflit avec l'Algérie et le conflit israélo-arabe : c'est foutu pour eux. Vengeance personnelle, vengeance vis-à-vis de leur histoire. Et l'islam n'a rien à voir.

D. P. : En quoi l'histoire est-elle importante pour saisir la portée des textes sacrés, selon vous ?

H. C. : Si on n'a pas à l'esprit l'histoire et le contexte, plus rien n'a de sens. Or, la majorité de nos jeunes ne comprennent ni l'arabe ni le contexte !

Un exemple. Un homme est venu voir le Prophète et lui a dit : « Prophète de Dieu, quelle est la meilleure chose que peut accomplir un musulman ? » Mohamed a répondu : « L'obéissance et le bien aux parents. » Plus tard, dans un autre contexte, un autre a reposé la même question. Quelle est la meilleure œuvre ? Il a répondu : « Donner l'aumône aux pauvres. » Et à un autre : « Faire la prière à l'heure. » Cela signifie qu'il n'y a pas une réponse unique. Elle varie en fonction des situations et

---

1. Occidental, Européen, chrétien dans un sens péjoratif, infidèle.

de la personnalité. On ne peut pas appliquer le verset à la lettre, il a son histoire.

D. P. : Et le jihad, si souvent invoqué ?

H. C. : C'est un autre bon exemple : le mot *jihad* a été dit à La Mecque. Et pourtant, il n'y avait pas de combats, pas de guerre à La Mecque à cette époque... Il y avait l'obligation faite à tout musulman d'affirmer sa foi, d'être fier, parce que l'islam était naissant, mais il n'est pas question de violence, plutôt d'exemplarité. Voilà donc typiquement un terme qui doit être interprété. *Jihad* signifie littéralement « s'efforcer ». Cet effort a bien des aspects : le jihad de l'esprit, du cœur, de la parole. Bien sûr, il y a aussi le jihad par le glaive dans le Coran, mais ça ne résume pas du tout l'idée. Le jihad armé, à l'époque, se résumait à l'autorisation (autorisation divine) aux musulmans de repousser les agressions de leurs ennemis, c'était pour se défendre. Aujourd'hui, le droit de se défendre est même reconnu par les Nations unies, donc c'est tout à fait légitime. Malheureusement, les jeunes ne comprennent pas cela. Et tant qu'ils ne comprennent pas... Je peux vous le montrer, il y a, par verset, quatre ou cinq livres de réflexions et d'interprétations. Dans un passage, il y avait des Juifs et des chrétiens à Médine qui demandaient s'ils pouvaient prier. Le Prophète a dit oui. Alors ils ont prié. Les chrétiens de Médine ont prié à la mosquée. Si j'invite le curé de Drancy à prier, les ignorants, les fous, vont le frapper. Il y a un vrai problème d'ignorance.

D. P. : Vous avez coutume de comparer les textes sacrés à une pharmacie.

H. C. : Oui, parce qu'un médicament est bénéfique pour l'un, et un poison pour l'autre. D'où le rôle du pharmacien ou du médecin. C'est la même chose pour la pratique religieuse. Et là, le rôle des imams éclairés est prépondérant, déterminant. Malheureusement, on tombe parfois sur des extrémistes.

D. P. : Ces extrémistes, en avez-vous à la mosquée ? Arrivez-vous à leur parler ? Ou bien ce sont deux mondes séparés ?

H. C. : En général, ici c'est le monde de la foi, il n'y a pas de débats, c'est rare.

D. P. : Est-ce qu'on peut dire que le salafisme est une vision littérale de l'islam, c'est-à-dire qu'on ne regarde pas le contexte, on revient au texte ?

H. C. : Oui, vraiment. D'une manière incroyable.

D. P. : Vous avez des mots durs pour le salafisme. Vous dites, je crois, que c'est une perversion. Mais tous les salafistes sont-ils « dangereux » ?

H. C. : Ils ne sont pas tous dangereux. Il y a trois manifestations du salafisme. Il y a le salafisme du livre, quasi scientifique : il défend un respect des prescriptions à la lettre. Ils ne sont pas dangereux.

D. P. : Ce sont des ascètes ?

H. C. : Voilà. Comme les Loubavitch chez les Juifs. Ou bien certains évangélistes chrétiens. Il y en a quelques-uns chez eux qui ont vraiment étudié. Beaucoup défendent l'allégeance totale à l'Arabie saoudite, au roi. Ils sont légitimistes, il y a un émir, c'est lui qui déclare la guerre ou non, le jihad ou non.
Ensuite, il y a les takfiris. Le takfiri est dangereux, il vous voit comme un ennemi.

D. P. : Que signifie « takfiri » ?
H. C. : C'est une doctrine, une idéologie. Littéralement, ce sont les « excommunicateurs ». Ils vous mettent en joue. Leur discours est intégriste et violent : « Vous n'êtes pas d'accord avec nous ? Vous êtes un infidèle, vous êtes sorti de l'islam, vous avez trois jours sinon vous êtes assassiné. » Les takfiris ne croient pas au roi, pour eux, c'est un manipulateur et un complice des Américains.
Enfin, il y a le troisième salafisme, le plus grave, les jihadistes. C'est ceux-là qu'on retrouve chez al-Qaida.

D. P. : En avez-vous déjà rencontré ?
H. C. : Il en existe en France. Il y en a quelques-uns, pas autant…

D. P. : Vous ne pouvez pas leur parler, à ceux-là.
H. C. : C'est clair. Ils ne me parlent pas. Ils envoient des missionnaires, des petits soldats.

D. P. : Ils vous intimident.

H. C. : Oui. Ils m'insultent.

D. P. : Lorsque vous étiez médiateur social à la RATP, et plus généralement depuis que vous êtes en France, vous avez été beaucoup en contact avec les quartiers : avez-vous vu beaucoup de jeunes qui sont devenus salafistes et jihadistes ?

H. C. : Et qui sont partis au Yémen, en Syrie, en Irak, au Pakistan ? Oui. Pour étudier. Les pauvres, en général ils n'y connaissent rien et sont très vite embrigadés.

D. P. : Ici même, vous avez eu à affronter des éléments pas forcément salafistes mais radicaux : ont-ils essayé d'infiltrer la mosquée ? Ont-ils essayé de vous en chasser ?

H. C. : On ne peut pas filtrer l'entrée de la mosquée. Les filtrages de cent, deux cents, trois cent cinquante personnes, c'est simple. Mais ici, c'est ouvert à tout le monde. On prie, on n'oblige personne à penser la même chose. Nous ne sommes pas une secte. En revanche, chacun respecte l'imam, surtout lorsqu'il dit son prêche. Malheureusement, certains utilisent la violence.

D. P. : Que s'est-il passé ? Que cherchaient-ils à obtenir ?

H. C. : Tout : mettre la main sur la mosquée, me chasser, même me prendre la vie, me tuer. Ils ont tout essayé, des menaces de mort, écrites, par Internet, téléphoniques, par des intermédiaires qui me disaient : « Faites attention, si vous dites ça... » C'est allé si loin que j'ai porté plainte. La justice a prononcé une lourde condamnation il y a quelques mois.

Ils ont essayé de frapper mon entourage, de l'agresser, de lui faire peur. Ils ont aussi essayé de manipuler les fidèles, les pousser à boycotter la mosquée. Ils ont même prétendu pour cela qu'il y avait des caméras du Mossad à l'intérieur. Et même dans les toilettes des femmes.

D. P. : Vous-même, vous avez fait l'objet de soupçons. Certains émettent encore des doutes sur votre sincérité parce que vous avez été formé, notamment au Pakistan, à l'école du Tabligh, un mouvement de l'islam né dans les années 1920 qui est considéré comme fondamentaliste mais pas politique. Avez-vous été sensible à ces thèses ?

H. C. : Non. Le Tabligh est d'abord une école de piété, qui s'adresse à l'homme et à la vie intérieure. À cela, oui, je suis sensible et tout imam doit l'être. Mais cela n'a été qu'un enseignement parmi d'autres pour moi. Le deuxième aspect du Tabligh, c'est qu'il est né en Inde. J'aime l'islam de l'Asie. La spiritualité y tient un rôle essentiel. L'Asie est une chance pour l'islam...

D. P. : L'Asie, c'est aussi l'Afghanistan...

H. C. : Oui, mais les choses sont parfois plus complexes que les apparences. Je ne veux pas me lancer dans un débat géopolitique car ce n'est pas mon rôle ni ma spécialité. Mais c'est la guerre menée contre l'Union soviétique qui a amené dans ce pays cet islam radical. Pourquoi ? Parce que cette guerre « sainte », soutenue par les États-Unis et leurs alliés, a fait de l'Afghanistan une terre de mission pour tous les jihadistes venus d'Arabie saoudite, du Yémen, d'Algérie ou d'ailleurs. Le plus connu s'appelle Oussama ben Laden. L'Afghanistan n'a pas généré cela mais l'a subi. Même les talibans, les étudiants en religion venus du Pakistan des années plus tard, ont été encouragés et instrumentalisés à des fins politiques. Bien sûr, il y a en Asie des mouvements intégristes, mais globalement on y trouve beaucoup moins l'idée de confrontation, de revanche, beaucoup moins de liens avec la politique également.

D. P. : Il a déjà été rapporté pourtant que, il y a une dizaine d'années, une note des renseignements généraux vous concernant incitait à la vigilance...

H. C. : Vous savez, si tous les intégristes de France me ressemblaient, on n'aurait pas beaucoup de soucis à se faire ! Si tous les intégristes appelaient au dialogue et à la fraternité avec les Juifs et les chrétiens, si tous les intégristes partaient en voyage en Israël, prônaient la citoyenneté et le patriotisme, on serait plus tranquilles. N'oubliez pas d'où je viens : de la Tunisie. Oui, il y avait des islamistes et il y a encore des islamistes en Tunisie, mais ma famille, comme vous l'avez compris, m'a prémuni contre le radicalisme. L'histoire du pays aussi. Vous savez, il y a un an, avec la conférence des imams que j'ai organisée, on est partis là-bas. C'était pour le premier anniversaire de la chute de Ben Ali, on était une cinquantaine. Je leur ai montré la synagogue de Djerba, qui a toujours été un centre de la vie religieuse, on a rencontré aussi l'évêque de Carthage, j'ai dit aux imams : « Regardez comment on vit ensemble ici. » Voilà l'islam qui m'a toujours habité. Je sais ce que rapportent mes détracteurs, un jour ils diront que je suis l'« imam des Juifs », un autre jour que je suis un intégriste infiltré. Il faudrait savoir. Vous voyez, cela me fait sourire. Dernière chose : ce policier des renseignements généraux, oui je m'en souviens, je me rappelle même son nom, il est venu me voir, il m'a demandé, comment dire, de l'aider à avoir de bonnes informations. J'étais surpris, décontenancé, le courant n'est pas passé entre nous. Alors je ne sais pas. Peut-être que cette note était dictée par la rancune. Peut-être aussi qu'il n'avait pas bien compris qui j'étais car j'avais beaucoup d'enthousiasme, j'allais beaucoup vers les autres, pas par prosélytisme comme je vous l'ai dit, mais parce que je pense que les musulmans doivent s'ouvrir.

D. P. : Un peu plus tard, vous êtes aussi interdit d'entrée aux États-Unis. Pourquoi ?

H. C. : Cela ne me gêne pas de parler de tout cela. C'était en 2004, trois ans à peine après le 11 Septembre. Juste avant mon voyage, le cheikh Yassine, le fondateur du Hamas, avait été tué par Israël. La tension était vive. J'allais rendre visite à mon frère installé sur la côte est. Le policier au contrôle a regardé mon passeport et il a vu que j'avais été neuf fois en Arabie saoudite, à La Mecque. Neuf fois ! J'ai senti qu'il y avait un malaise. Il m'a dit : « Votre profession ? » J'ai dit la vérité : « Je suis imam. » *Oh my God !* Il a continué : « Vous avez une adresse ici ? Quel est votre hôtel ? » J'ai répondu : « Non, je n'ai pas de réservation, je vais chez mon frère, il habite ici. » On m'a demandé d'attendre. J'ai repris l'avion vers Paris... Pourtant, j'avais déjà été là-bas deux ans avant. Mais là, il y avait vraiment un drôle de climat.

D. P. : Vous n'étiez pas en colère ?

H. C. : J'étais fatigué par ce voyage, mais de la colère, non. Vous savez, je suis imam. Donc je n'aime pas le mensonge mais je n'ai pas de haine pour le menteur. Je n'aime pas le vol mais je n'ai pas de haine pour le voleur.

D. P. : Je reviens à ces radicaux qui vous ont harcelé. Avez-vous été tenté de tout lâcher ?

H. C. : Non. C'est ma religion. C'est ma foi. Eux, ils croient que c'est leur jihad, et moi je crois que c'est *mon* vrai jihad. Je crois en la tolérance, l'amour, au partage, au respect et à la liberté.

D. P. : Vous êtes-vous senti aidé dans cette lutte face à eux ?

H. C. : Par les fidèles, par les gens sincères. Malheureusement, certains ne croient pas à ce combat. Ils pensent que c'est l'affaire de Chalghoumi, mais ce n'est pas l'affaire de Chalghoumi. C'est une affaire nationale.

D. P. : Certains fidèles ?

H. C. : Non. Plutôt les hommes politiques, les hommes de pouvoir. Mais ce n'est pas mon affaire, c'est leur affaire. S'il y a un échec dans l'éducation, s'il y a un échec de la République, ce n'est pas à moi de le payer. S'il y a une mauvaise compréhension, s'il y a des générations dans lesquelles certains sont en train d'aller vers les extrêmes, ce n'est pas à moi, en tant qu'imam libre, indépendant, ce n'est pas à moi de le payer. Il faut qu'ils m'aident. S'ils veulent un islam de France solide, enraciné, ce n'est pas avec l'argent du pétrole du Qatar ou d'autres qu'ils le trouveront.

3
LE DÉFI DE LA LAÏCITÉ

« On est où, là ? À Tombouctou ? »

D. P. : Depuis quelques années, à intervalles réguliers, des incidents ou des moments de tension semblent montrer que les règles de la laïcité établies en France sont plus difficilement acceptées par une partie de la communauté musulmane. Globalement, partagez-vous cette impression ?

H. C. : Oui. On connaissait peu ce genre de problèmes avec les anciens et, malheureusement, cela vient souvent des nouvelles générations. Autrement dit, il s'agit généralement d'hommes et de femmes nés ici. Ils n'ont pas la même attitude que leurs parents ou leurs grands-parents qui étaient des immigrés et avaient conscience de devoir s'adapter. Ces jeunes sont des Français à part entière, ils parlent donc sur un pied d'égalité avec les autorités. De surcroît, ils n'ont jamais vécu dans des pays musulmans et ne connaissent rien d'autre, ils n'ont pas de recul ni de points de comparaison. Enfin, ce n'est pas toujours une affaire de religion : on est souvent davantage dans le registre de l'affirmation, voire de la confrontation : « Je suis là, ce pays est le mien, je suis musulman et je veux exister comme tel... » Je trouve que c'est triste.

D. P. : Pour Tariq Ramadan, ces jeunes musulmans ne font que réagir à une loi qui ne serait pas la même pour tous. Les règles de la laïcité seraient plus contraignantes pour eux. En gros, si on se promène avec une kippa, personne ne dira rien ; si on se promène avec un voile, cela pourra poser un problème. En conséquence, certains jugeraient ces règles illégitimes. Qu'en pensez-vous ?

H. C. : Je ne partage pas cette vision des choses. Le point de vue de M. Ramadan rejoint souvent celui des Frères musulmans : il se nourrit précisément de la revendication et de la confrontation. On a toujours l'impression que c'est l'islam contre l'Occident, bloc contre bloc, comme lors de son débat avec Nicolas Sarkozy, alors ministre de l'Intérieur, il y a quelques années. Les Frères musulmans sont toujours « à l'attaque », et cette idéologie a fait du chemin dans les nouvelles générations. On est musulman pour montrer qu'on est fort. C'est dommage.

D. P. : Lui dit qu'il est « à l'attaque » parce qu'il estime que c'est la société française qui attaque les musulmans...

H. C. : La société française n'attaque personne ! Elle ouvre les bras à tout le monde. Il y a du racisme, bien sûr, je ne dis pas le contraire. Mais du racisme, il y en a partout. Dans le Maghreb, les gens du Nord n'aiment pas ceux du Sud, on pourrait multiplier les exemples. Mais je suis sûr et certain que si, en Algérie, au Maroc ou en Tunisie, la communauté chrétienne demande une salle municipale pour faire une prière, cela se révélera très compliqué. Il faut expliquer à nos jeunes qu'en France la laïcité n'a pas été inventée pour eux. Cela fait des siècles qu'elle émerge, elle s'applique à tout le monde. On parle peut-être plus des musulmans depuis le 11 septembre 2001, et nous sommes toujours en train de payer la facture, mais tout de même ! Par ailleurs, il y a beaucoup de confusion. Cette jeunesse a des problèmes sociaux ou des problèmes d'identité et les mélange avec la religion. La discrimination n'arrange rien. On sait très bien que le CV d'un Mohamed ou d'un Mourad aura moins de chances d'être retenu que celui d'un Xavier ou d'un Paul...

D. P. : Je voudrais connaître votre opinion ou vos recommandations sur quelques points précis. D'abord, laissons la laïcité à proprement parler de côté. Vous n'avez pas souhaité qu'il y ait un minaret ici, dans cette mosquée. Pourquoi ? D'après vous, un minaret aurait choqué les non-musulmans ?

H. C. : Personnellement, je pense que ce n'est pas une priorité. Savez-vous d'abord que le minaret n'est pas du tout une obligation ? Il est venu de l'influence du monde chrétien et de ses clochers, pas du monde musulman. Il n'existait pas du temps du Prophète. Sa création remonte à la cohabitation entre les deux religions, en Syrie ou ailleurs. À cette époque, on a compris que plus le muezzin serait haut pour faire son appel à la prière et mieux il serait entendu. Comme les cloches de l'église.

Oui, j'estime que ce n'est pas une priorité. Est-ce que cela peut choquer ? Regardez la situation en Suisse. Les habitants ont été appelés à voter lors d'un référendum. Ils ont interdit les minarets. Nous, les citoyens de confession musulmane, nous ne pouvons pas faire la politique de l'autruche. Il faut essayer de comprendre et ne pas se braquer... Il ne faut pas risquer la provocation. Je suis contre la provocation. La Suisse ou la France ne sont pas de vieux pays de l'islam. Il y a des habitudes, des paysages ancrés dans la mémoire des habitants depuis très longtemps. Donc il faut que le lieu de prière soit digne mais ne heurte personne. Parce que dans chaque société il y a des extrêmes.

D. P. : Vous êtes en train de dire que, pour pouvoir assumer sa foi musulmane en France, il faut être discret ?

H. C. : Je ne dis pas cela. Il n'est pas question de se cacher. On peut afficher notre foi. On peut pratiquer notre religion dignement. À ce titre, il est choquant de voir ce qui s'est passé à Poitiers, où des manifestants d'extrême droite ont envahi le chantier d'une mosquée avec des banderoles. C'est scandaleux. Dans d'autres villes, on a vu surgir aussi des pétitions contre la construction de mosquées. L'intimidation ne doit pas l'emporter. Mais, de notre côté, nous devons faire preuve d'un peu de psychologie. Et notre pratique religieuse devra toujours rester dans un cadre privé.

D. P. : Sur ce sujet, avez-vous l'impression d'être suivi par vos fidèles ? Vous a-t-on demandé pourquoi il n'y avait pas de minaret ici ?

H. C. : Oui, certains fidèles m'ont posé la question. Je leur ai répondu : « Remerciez le Ciel que l'on jouisse d'un lieu de prière digne. Avant, il y avait des caves et des hangars ; aujourd'hui, on a une grande mosquée. Ne demandons pas tout tout de suite. Il ne faut pas provoquer, il ne faut pas choquer, soyez discrets. Et n'oublions pas l'essentiel : l'islam est d'abord une affaire spirituelle bien avant d'être une histoire de bâtiment. »

D. P. : Cela faisait-il partie d'un contrat avec la mairie ou le conseil général, ou est-ce *votre* initiative ?

H. C. : C'est notre initiative, la nôtre. Je sais très bien qu'il faut s'adapter.

D. P. : La loi sur la burqa, vous l'avez approuvée. N'avez-vous pas eu le sentiment qu'on était là aussi peut-être dans le syndrome du pain au chocolat : il n'y a pas beaucoup de burqas en France, quelques centaines, quelques milliers peut-être. Et, là encore, on peut

se demander s'il ne s'agit pas le plus généralement de femmes jusqu'au-boutistes, souvent converties d'ailleurs. En clair, le jeu en valait-il la chandelle ?
H. C. : Je pense que le gouvernement était sans doute sincère. N'oublions pas la montée en puissance des salafistes. Cette loi était aussi conçue pour nous aider, nous, la grande majorité des musulmans de ce pays, qui n'aspirons qu'à la tranquillité et qui n'avons jamais connu la burqa dans nos traditions. Non seulement elle nous est étrangère, mais nous la rejetons. Pour se protéger de ce genre de signes, il faut un islam de France. Il faut aussi des lois, parce que ces femmes-là sont déterminées et que le dialogue ne suffit pas. Elles sont souvent conditionnées par la lecture de sites Internet qui déforment le message de l'islam. Les symboles comptent. On entend : est-ce qu'il faut une loi pour deux mille personnes ? Mais depuis quand vote-t-on les lois par rapport au nombre ? Si un enfant, même un seul, est en danger, on peut mobiliser tout un État, toute une société. Les lois font d'abord respecter des valeurs, celles qui nous unissent, l'enjeu est de cet ordre-là. Cette loi ne vise pas l'islam, pas du tout. C'est une loi qui dit : le visage, c'est l'identité. De plus, la majorité des théologiens de l'islam sont d'accord : ce n'est pas une obligation religieuse. Si les musulmans veulent exprimer leur foi, ils doivent le faire en aidant leurs voisins, en évitant l'échec scolaire de leurs enfants. Voilà les vraies priorités. Autant d'enfants en échec scolaire, autant de personnes âgées dans le besoin. Qu'on les soutienne et qu'on les aide ! Quelle

image donnons-nous ? Notre image, c'est nous-mêmes : quatorze siècles de savoir et de lumière. Et on se cabre pour un bout de tissu sur le visage ? C'est quand même honteux. Cela nous emmène très loin du sens de l'islam et de sa sagesse.

D. P. : Parlons du voile. Faut-il être inflexible sur le voile ? Faut-il par exemple demander aux fonctionnaires de l'État qui sont en contact avec les administrés, dans les crèches ou derrière les bureaux, d'enlever leur voile ?

H. C. : Personnellement je pense que, vu le contexte et les lois, c'est clair et net, on ne peut pas l'accepter. Sinon, chacun va ramener sa croix ou autre chose... Il faut des fonctionnaires neutres. En revanche, j'étais plutôt contre la loi interdisant le voile à l'école pour les élèves. Vous savez pourquoi ? Parce que si le fonctionnaire doit rester neutre, l'élève, lui, ou la personne qui va à la mairie pour aller chercher sa pièce d'identité, peut pratiquer sa religion à sa manière, bouddhiste, croyant ou pas croyant... Mme Le Pen souhaite interdire le voile partout. Je trouve cela indigne. Ce n'est plus de la laïcité, c'est de l'islamophobie. De plus, la France et la religion musulmane ne sont pas étrangères l'une à l'autre. Elles se connaissent depuis des siècles. La France a une longue histoire avec l'Algérie, avec la Tunisie, avec le Maroc. On ne peut pas décréter d'un trait de plume que le voile est dangereux pour les femmes. Quand y a-t-il danger ? Quand on contraint les femmes, oui. Quand on les force.

D. P. : Est-ce qu'on peut toujours le savoir ?
H. C. : On peut.

D. P. : Votre femme porte le voile. Vous dites : c'est sa décision. Si elle ne l'avait pas souhaité, est-ce que vous l'auriez incitée à le faire ?
H. C. : Non, je ne l'aurais pas forcée. Bien sûr qu'un imam souhaite que sa femme pratique, voilée si possible, mais il ne faut jamais contraindre. Vous savez pourquoi ? Pour moi, le voile est comme l'homme qu'elle choisit d'épouser. Il faut l'aimer avec son cœur. Une femme doit se sentir libre. Si elle porte le voile, elle ne doit pas jouer la comédie. Il vaut mieux que ce soit sincère.

D. P. : Mais un imam pourrait-il se permettre de voir sa femme venir le chercher, devant sa mosquée par exemple, sans voile ?
H. C. : Oui. Je connais des imams dont les femmes n'ont pas de voile, ne sont pas musulmanes. Je connais un imam dont la femme est chrétienne, il l'emmène lui-même à l'église.

D. P. : Et les fidèles l'acceptent ?
H. C. : Bien sûr. Tout à fait. Pour un bon musulman, c'est même un devoir de l'emmener à l'église. Si sa femme est juive ou chrétienne, et pratiquante, il doit l'accompagner aux portes de la synagogue ou de l'église. Ma femme est musulmane, elle va à la mosquée, mais

si le destin avait fait qu'elle soit chrétienne, je l'aurais aussi emmenée à l'église.

D. P. : Pourquoi une telle différence de traitement entre le voile et la burqa ?

H. C. : Parce que le voile est une coutume, liée à une forme de pudeur et de respect dans nos pays. Il y a beaucoup de femmes qui portent le voile et qui ne font pas la prière, qui ne pratiquent pas. Je reviens à votre question : certaines sont-elles forcées à le porter ? Je ne le crois pas, parce qu'on est désormais dans un environnement où les femmes peuvent parler, ont des droits et sont même parfois plus puissantes que les hommes. En France, il faut faire attention bien sûr avec les jeunes filles, les adolescentes, parfois cela peut être effectivement un signe d'une volonté d'embrigadement du père ou de tel ou tel groupe. Il faut que tout le monde soit un peu attentif parce que l'ignorance est telle que si on écoute certains discours, le voile serait devenu le sixième pilier de l'islam. « Le voile, le voile ! » Certains versets coraniques le recommandent. Mais, malheureusement, il y a aussi des arrière-pensées politiques, identitaires. Vous savez, l'affaire de Creil[1] était d'abord un problème d'éducation, un problème social.

---

1. Première « affaire » de voile à l'école en 1989. *(N.D.A.)*

D. P. : En tous les cas, vous pensez qu'il ne faut pas empêcher les élèves de porter le voile si elles le souhaitent...
H. C. : Personnellement, oui.

D. P. : Parce qu'on a coutume de considérer en France que l'école est le sanctuaire de la laïcité.
H. C. : Je suis cent pour cent d'accord avec vous. Mais, vous savez, les meilleures intentions du monde peuvent parfois mener dans le fossé... Ils ont créé cette loi et que s'est-il passé ? Des écoles privées musulmanes se sont développées partout. Avant, on pouvait encadrer ces enfants, leur parler, s'assurer qu'ils n'étaient pas embarqués dans une mauvaise voie religieuse. Aujourd'hui, on n'a plus de prise sur eux. Quitte à choisir, je pense qu'il est préférable de les garder avec nous, avec leur liberté, et de pouvoir les suivre tout de même.

D. P. : Si je comprends bien, vous n'êtes pas tellement favorable aux écoles privées musulmanes ?
H. C. : C'est le communautarisme. C'est d'ailleurs l'erreur d'une partie de la communauté juive. Je peux vous dire une chose : quand vous rentrez dans une école privée juive, en général, il n'y a que des Juifs. Demandez-leur à quel moment il y aura intégration des autres, à quel moment ils vont connaître des musulmans. C'est un processus qui éloigne les uns des autres. Je peux comprendre leurs arguments : il y a des

problèmes d'antisémitisme, il y a le conflit israélo-palestinien, il y a d'autres tensions; mais les conséquences sont lourdes. C'est la logique communautariste pure et simple. Shlomo Levy et Rachid Bennouna ne s'assiéront pas ensemble, ils ne se connaîtront pas. Avant ils avaient déjà du mal... mais aujourd'hui beaucoup d'élèves et d'enfants juifs sont dans des écoles juives. Et je trouve que c'est regrettable.

D. P. : Vos cinq enfants sont élèves dans des écoles catholiques. Pourquoi?

H. C. : Parce qu'il s'agit des meilleures écoles du quartier, tout simplement. Ce n'est pas une question de voile, personne ne le porte là-bas. Mais la priorité est que les enfants réussissent. En face, dans l'école publique, il y a plus d'échecs. On y fait également moins respecter les valeurs et l'autorité. C'est regrettable, il faudrait vraiment du changement. Beaucoup de parents musulmans placent leurs enfants dans ces écoles catholiques pour ces raisons-là. Vous savez, quand on concentre les habitants d'origine algérienne, tunisienne, marocaine, tous ensemble, cela se retrouve à l'école. Ensuite, on se demande où est la diversité... J'ai un souvenir en tête. Lorsque ma fille Myriam, qui a quinze ans aujourd'hui, est allée à la maternelle, elle a ramené la photo de classe à la maison. Je me revois en train de la découvrir avec sa mère : « Dis donc! Arabe, Noir, Arabe, Noir, Arabe... alors, ma chérie, où est le reste? On est où, là, à Tombouctou? » Et je dis à ma femme : « Quand je regarde l'Assemblée nationale, je ne vois pas la même image, pas la même photo. » Là, il y a un problème, ça ne va pas. C'est là, dans cette école, que tout commence.

D. P. : Mais vous n'avez pas eu envie que vos enfants reçoivent une éducation musulmane ?
H. C. : Si, bien sûr. Dans ce cas, pourquoi ne pas donner des cours d'islam, des cours de religion le dimanche ou le samedi à l'école publique, comme on les donne, nous, en arabe ? Cela ne serait pas contraire à la laïcité, ce serait seulement pour ceux qui le souhaitent. Est-ce qu'on éduque nos enfants nous-mêmes dans la République ou est-ce qu'on laisse les autres le faire dans des structures qu'on ne connaît pas toujours et avec des enseignants sortis d'on ne sait où ? Si la France laisse les autres s'en charger, c'est le début de l'ingérence étrangère. Tout le monde sait que la plupart des mosquées où l'on donne des cours sont sous la coupe de capitales étrangères. Rabat, Alger, Le Caire, Doha, j'en passe. Et le risque de fanatisme ? Si on laisse prospérer certaines écoles coraniques, on risque d'avoir de mauvaises surprises pour nos enfants. Un jour, une mère m'a amené son garçon, elle m'a expliqué qu'il était dans une école voisine. Voilà ce qu'ils lui enseignaient : « Il ne faut pas que tu serres la main des femmes. » Dès l'enfance ! « Tu ne t'assieds pas à côté d'une fille » ! Et ça commence... Si les cours se déroulaient dans une école publique, on échapperait à ce genre d'imbécillités

Je sais que cela n'est pas simple à cause des lois et des grands principes, mais pourquoi pas ? Quel serait le mal, tant qu'on apprend la fraternité et la responsabilité ? Les Allemands le font, par exemple.

D. P. : Vous qui souhaitez l'adaptation la plus large possible aux coutumes du pays d'accueil, estimez-vous judicieux que les musulmans d'origine étrangère donnent des prénoms français à leurs enfants ?

H. C. : Personnellement, non. Je sais que, au sein de la communauté juive, la pratique est fréquente. Il y a une raison à cela : l'histoire, une histoire terrible. Cela vient de ce que les Juifs ont subi, malheureusement, avec la guerre et la déportation. Ils étaient obligés de se protéger, et le réflexe est resté pendant des années et des années. Mais, d'une manière générale, si on accepte quelqu'un, il faut lui ouvrir la porte avec toute son identité. Que je m'appelle Rachid, Hassen, ou que je m'appelle Kadija ou Fatima, ce n'est pas mon nom qui peut poser problème, c'est mon éducation, c'est mon entourage. N'est-on pas, nous, Français, fiers de Zinedine Zidane ? On est évidemment fiers de lui. N'est-on pas fiers d'Avicenne[1] ? On en est tellement fiers que l'hôpital juste en face porte son nom ! Ça, c'est une fierté ! Lorsque Rachid ou Abdel termineront leurs études et qu'ils deviendront professeurs d'université,

---

1. Philosophe et scientifique musulman célèbre né au Xe siècle. *(N.D.A.)*

chacun sera fier d'eux. Dans ce cas, pourquoi changerait-on leurs prénoms ?

Il y a sept siècles, un philosophe a eu cette belle phrase sur l'homme : « Un enfant qui ne connaît pas son passé et qui ne veut pas de son présent n'a pas de futur. » Quand on gomme l'héritage, qu'on dit : « Vous êtes arabe ? Non, vous commencez à zéro », là, il y a un problème. L'enfant ne peut pas avancer s'il n'a pas conscience de ses racines. Le passé doit être une fierté comme doivent l'être ses ascendants, quels qu'ils soient. Je le dis aux parents : parlez-leur de vos aïeux, qui étaient des travailleurs. Votre grand-père était un agriculteur, votre oncle était un professeur, votre grand frère était marié avec une Juive, l'autre était marié avec une chrétienne. Avec cet héritage, l'enfant peut réaliser qu'il a un socle et une culture. Il se sentira plus fort et, du coup, il vivra plus facilement son statut de citoyen.

D. P. : Faut-il une égalité de traitement entre toutes les religions en France ? Il y a par exemple des jours de congé nés de la religion catholique, Noël, Pâques... Est-ce qu'il faut, de même, des jours de congé pour la religion musulmane, comme la ville de Hambourg, en Allemagne, vient de le décider ?

H. C. : Je pense que ce serait une bonne chose. D'ailleurs, nous n'avons pas mille fêtes, nous en avons deux vraiment importantes, l'Aïd el-Kebir et l'Aïd el-Fitr. La difficulté viendrait peut-être du fait que les calendriers ne sont pas les mêmes, donc que les jours de fête ne sont pas les mêmes chaque année. Le mieux serait alors que les administrations et les entreprises accordent deux jours pour raisons religieuses, à chacun de les fixer. Oui, ce serait un pas dans la bonne direction parce qu'il s'agirait d'une reconnaissance. Cette décision serait logique et positive. Je connais l'histoire de la France. Je sais très bien que cela ne se passe pas ici comme en Allemagne, en raison de cette laïcité un peu… rigide, parfois. La France a une sorte de tradition antireligieuse sans doute parce que pendant des siècles l'Église a incarné un pouvoir solide, l'Église a fait de la politique, et qu'il y a eu des guerres et la Révolution. Beaucoup de choses se sont réglées les armes à la main. La République et l'État ont été sacralisés, bien davantage qu'ailleurs. Depuis, la question est restée très sensible et aujourd'hui on le paie parfois cher.

D. P. : Certains disent que, pour vraiment respecter l'égalité, il faut une neutralité totale. Des maires ont ainsi débaptisé des «marchés de Noël» pour les nommer «marchés d'hiver». Des écoles ont renoncé aux sapins de Noël. Êtes-vous sensible à cela ?

H. C. : Non. D'abord, j'imagine que beaucoup de musulmans, ceux dont on ne parle jamais, apprécient d'avoir un sapin et des guirlandes dans leur salon. Ils ne fêtent sans doute pas le 25 décembre comme une fête religieuse mais ils aiment Noël. En fait, je ne perçois pas la décision de ces maires comme une main tendue aux autres croyants mais, là encore, comme une laïcité trop frileuse. D'ailleurs, on n'est plus là dans la laïcité, on est dans la pulsion antireligieuse. Pourquoi aller sur ce terrain lorsque les valeurs qui s'expriment n'ont rien de contradictoire avec les lois, tant que ça n'empêche pas de vivre ensemble ? Non. C'est une guerre contre la religion. C'est pour cela aussi, je crois, qu'il y a beaucoup de convertis.

D. P. : Sauf que ces élus disent : si les marchés s'appellent toujours «marchés de Noël», les musulmans peuvent nous dire : «Nous, on veut aussi les "marchés de l'Aïd".»

H. C. : Tout de même! Les musulmans comprennent que la France et la chrétienté, c'est une histoire qui dure depuis des siècles, ça ne s'est pas fait du jour au lendemain. De plus, on est loin de la religion. Des marchés de ce genre n'existent d'ailleurs dans aucun pays musulman.

D. P. : Vous pensez que les musulmans le comprennent et l'acceptent?

H. C. : Oui, je suis sûr et certain qu'ils n'ont pas de mal à le comprendre. Comme je suis sûr que les chrétiens et même les athées, ici en France, comprennent l'idée de sacrifice pour l'Aïd. Pour nous, c'est une chose sacrée. Évidemment, il ne faut pas s'amuser à tuer son mouton dans le couloir, ni dans le jardin, ni à l'extérieur. On rejoint ce dont je vous parlais sur le discernement. Il ne faut pas choquer ni provoquer. L'État français est dans son droit lorsqu'il sanctionne les sacrifices accomplis n'importe où et n'importe comment.

D. P. : Il y a eu toute une polémique à propos des horaires de piscine. Des associations musulmanes ont demandé et parfois obtenu des créneaux réservés aux femmes. Est-ce une bonne idée ?
H. C. : Je sais, pour connaître la culture musulmane et arabe, que chaque femme, au plus profond d'elle-même, le souhaite. Même chose au sein de la communauté juive. Mais c'est très délicat. Je trouve que tout établissement public doit rester public. Si les femmes le souhaitent, il faut le demander à des piscines privées. Mais là encore, ce n'est pas une priorité. Je sais, il y a des femmes voilées qui souffrent, elles ont des problèmes de poids, elles souhaiteraient vraiment pratiquer la natation pour mincir ou se détendre. Et elles ne peuvent pas le faire sans se sentir en porte-à-faux par rapport à leur conscience religieuse, sans oublier la pudeur née de leur culture et de leur éducation. Pour autant, on risque là encore de choquer. « Comment, je ne peux pas aller à la piscine parce que je suis un homme ? Parce qu'une religion l'interdit ? » Je vous laisse imaginer le boulevard ouvert à l'extrême droite, on entendra clamer partout que l'islam envahit la France et impose ses règles. Donc essayons d'être pragmatiques et de négocier cela dans des piscines privées lorsqu'elles existent. Il y a de belles piscines privées maintenant.

D. P. : Et les menus dans les écoles ? C'est devenu un casse-tête. Des mairies en sont venues à proposer des menus sans viande pour qu'il n'y ait pas de problèmes avec le halal, le casher et le porc, sans pour autant risquer l'accusation de faire des menus « religieux ». Est-ce malin ou est-ce désolant ?

H. C. : Je vous parlais de pragmatisme, voilà une question où les généralités n'ont pas leur place. Dans certaines villes où la population est très diverse, trouver une telle solution sans viande n'est sans doute pas si mal. Il faut d'abord avoir à l'esprit que la religion n'est pas toujours seule en cause. Des parents viennent parfois me voir à la mosquée et me disent : « Ils obligent nos enfants à manger de la viande alors qu'on leur en donne le soir. »

D. P. : Vous-même, que recommandez-vous à vos filles ?

H. C. : Je leur recommande de ne pas manger de viande lorsqu'elle n'est pas halal. Mais s'il n'y a rien d'autre à manger... c'est une autre histoire. S'il y a des légumes ou autres, alors je leur conseille de manger plutôt les légumes. Le soir, elles auront ce qu'elles veulent en complément. Il y a une période où elles mangeaient à la cantine et une autre où elles mangeaient à la maison. Mais ce n'était pas pour la viande, c'était pour les sept ou huit euros. Le coût de la cantine n'est pas négligeable dans un budget. Bref, à chaque élu d'apprécier la situation particulière dans sa commune et de trouver un arrangement avec les parents sans perturber la vie commune.

D. P. : Allons un peu plus loin : certains disent qu'en proposant des menus spéciaux, sans viande, c'est déjà une première entaille à la laïcité. On commence et on ne sait plus où cela s'arrête... D'autres disent au contraire qu'il faut se montrer souple. Quelle est votre analyse ?

H. C. : Je dirais : soyez souples et sans vous opposer. Cela ne doit pas être un sujet d'affrontement. Si un arrangement est possible, c'est bien. Aux directeurs et aux responsables d'en juger. On ne peut pas raisonner de la même manière selon qu'il y a soixante enfants de confession musulmane ou deux ou trois. On ne peut pas généraliser. Il y a la communauté juive qui ne mange pas de viande lorsqu'elle n'est pas casher. Il y a aussi des bouddhistes qui ne mangent pas de viande tout court parce que ça leur est interdit... Donc on ne peut pas contenter tout le monde. Mais on peut essayer d'être arrangeant pour le plus grand nombre.

D. P. : Est-ce que l'hôpital lui aussi doit être plus souple ? On voit qu'il y a parfois des maris qui ne souhaitent pas que leur femme soit soignée par des hommes, et notamment au moment des accouchements...

H. C. : Ça, non, soyons clairs. Je ne peux pas l'accepter. On ne peut pas l'accepter. Si quelqu'un, un pratiquant, emmène sa femme en urgence, il est autorisé par sa religion à ce que ce soit un homme aussi bien qu'une femme qui la prenne en charge. Le médecin est là pour faire son métier, il n'est pas là pour draguer ses patientes. Se braquer contre lui, c'est faire preuve d'ignorance ou de mauvaise volonté. Dans les pays arabes, il y a beaucoup de gynécologues hommes. Faites des statistiques, vous allez voir! Ça aussi, c'est une mentalité qu'il faut malheureusement changer. Bien sûr, si on peut choisir, c'est différent. Exemple : la gynécologue de mon épouse est une femme : elle l'a choisie. Mais en cas d'urgence, si ma femme a mal et que je dis au médecin : «Je ne veux pas de toi, je veux une femme», là on est dans l'extrême!

D. P. : Pour les relations entre l'État et les religions, s'il y avait un modèle idéal, quel serait-il? Le modèle français? La Turquie?
H. C. : Au terme de tous mes voyages, c'est le modèle turc qui me semble le plus harmonieux. Quand je suis allé à Istanbul et à Ankara, j'ai vu toutes les religions coexister d'une manière équilibrée et respectueuse. Cela m'a touché. Mais le modèle français... Vous savez, Kemal Atatürk[1] s'est inspiré de la France, quand même... La laïcité, c'est notre marque à nous.

---

1. Fondateur de la République turque laïque en 1922.

Mais, disons-le encore : la laïcité, ce n'est pas l'antireligion, ce n'est pas la haine des religions.

D. P. : Vous n'ignorez pas que lorsqu'on dit que c'est un bouclier contre les religions, aujourd'hui, on ne pense plus aux catholiques mais aux musulmans.
H. C. : Oui. Et pourquoi ? Parce qu'il y a une confusion entre immigration et islam. La majorité des immigrés ne sont pas des musulmans. Et la majorité des musulmans ne sont pas des immigrés, ce sont des citoyens français ! Si on arrive à faire comprendre cela, je pense que les esprits progresseront.

D. P. : Oui, mais vous sentez, j'imagine, et les sondages le montrent, qu'une partie de la France craint (au-delà même de la question immigrés/pas immigrés, Français/pas Français) cette religion musulmane en son sein, parce qu'elle pense qu'elle est plus offensive, plus intrusive que ne le sont les catholiques, au demeurant affaiblis.
H. C. : Sans doute. Parce que la République, dès le départ, a été aveugle. Notre pays, la France, a pensé que les vagues d'immigrés des années 1950-1960 allaient travailler puis repartir. Pour leur permettre de pratiquer l'islam, on a demandé aux pays d'origine d'envoyer des imams. C'était logique. Ces imams venaient, puis ils repartaient. Mais ces travailleurs sont restés, ils ont fait venir leurs familles, ils ont eu des enfants, nés sur le sol français. Eux-mêmes ont fondé des foyers. La

population musulmane s'est enracinée. Or, les habitudes n'ont pas changé pour la gestion du culte. Je sais que c'est difficile, il n'y a pas de clergé dans l'islam, pas vraiment d'interlocuteurs. Résultat : quand vous êtes géré par... par votre bled d'origine ou celui de vos parents, vous n'êtes pas poussé à vous plonger pleinement dans le bain français. Vous êtes algérien ? Géré par le consul algérien. Vous êtes marocain ? Géré par le consul marocain. Personne n'a vraiment réfléchi sur ce que pouvait être un islam de France. Pardonnez-moi, mais la majorité des imams ne sont pas des citoyens : le type qui vient pour quatre ans avec son contrat, il n'est pas là pour l'équilibre, pour l'harmonie... Il n'y a pas que cela, il y a aussi l'ignorance, on en a parlé, il y a les ghettos, le chômage, il y a l'histoire. Là-dessus, on peut agir. N'attendons pas.

4

COMMENT MIEUX VIVRE ENSEMBLE : POUR UN ISLAM DE FRANCE

« Un sursaut ou un divorce »

D. P. : Parlons de l'avenir. Le discours ambiant, même s'il est rarement public, n'est pas toujours optimiste. Depuis des décennies, les immigrants et leurs enfants, essentiellement européens et catholiques, se sont fondus dans la République, même s'il y eut des tensions et des conflits. La religion et la culture musulmanes sont-elles en train à leur tour de trouver leur place dans le creuset français ? Est-ce que cela va marcher ou est-ce que cela va coincer ?

H. C. : Ça va marcher. Ça ne coincera pas. Lorsqu'on évoque les vagues d'immigration en France, on a tendance à idéaliser le passé. N'oublions pas les drames. N'oublions pas qu'il y a eu sept morts à Aigues-Mortes, dans le Sud de la France, dans les années 1890, lors d'une «ratonnade» contre les saisonniers italiens. On parlait avec mépris et parfois avec haine des «Ritals», des «Polaks» et des «Espingouins». On disait qu'ils restaient entre eux. On disait aussi qu'ils violaient les femmes françaises. Leur intégration n'a pas été un chemin de pétales de rose.

D. P. : Certains diront : «Raison de plus, c'est encore plus difficile lorsque les religions et les cultures sont dissemblables...»

H. C. : S'il y a blocage, ce sera avec les extrémistes de tous bords. Ils sont une minorité et ils posent aussi des problèmes dans leurs pays d'origine. On oublie souvent, lorsqu'on parle de terrorisme par exemple, que ce sont d'abord les pays musulmans qui sont frappés. La grande majorité des victimes du terrorisme islamiste sont de religion musulmane. La crise n'aide pas mais gardons en tête l'essentiel : la quasi-totalité des musulmans, immigrés ou français, vit et travaille sans histoires. Ils apportent et vont apporter encore beaucoup de richesses. Il n'y a pas les musulmans et les autres. Il y a d'abord ceux qui sont enfermés dans des quartiers prisons et ceux qui vivent normalement. Mais il y a une condition : que leur religion reste toujours entre leurs mains, qu'elle ne soit pas manipulée, qu'elle ne soit pas à vendre à ceux qui cherchent à s'ingérer dans nos affaires.

D. P. : En quoi est-ce essentiel ?

H. C. : Aujourd'hui, quelles sont les voix de l'islam en France ? La grande mosquée de Paris ? C'est une histoire algérienne depuis des années et des années. C'est le relais du pouvoir algérien en France. L'UOIF (Union des organisations islamiques de France), qui se présente comme la plus grande des associations de musulmans ? Ce sont les Frères musulmans. La FNMF (Fédération nationale des musulmans de France) ? Ils sont liés directement au Maroc. Et puis il y a la Turquie, et les autres. Bref, chaque pays a ses relais. Or, ces institutions ou ces fédérations sont liées à la plupart des deux mille lieux de culte en France. Il y a, au passage, beaucoup d'argent à la clé avec la certification halal pour la viande ou encore l'organisation des pèlerinages en Arabie saoudite, des millions et des millions d'euros. Qui peut imaginer qu'un imam qui vient du bled peut guider les fidèles pour les amener à pratiquer en bonne compréhension avec leur pays, la France ? Il s'en moque, l'imam. Qui peut imaginer qu'il va savoir parler de l'école, du voile, qu'il va connaître le Conseil d'État et tout cela, les lois ? La manière dont on éduque les enfants ici ? L'imam, c'est celui qui guide, le mot vient de *amma*, qui veut dire guider. Chez nous, les musulmans, on dit qu'il est le berger. Il peut édicter des avis religieux. Vous vous rendez compte de la responsabilité ? Et on va déléguer cela à des pays étrangers ? Ce qui me navre, c'est qu'on parle de séparation[1], donc que la France n'a pas le droit de se mêler ni de regarder les affaires des religieux, mais qu'elle laisse

---

1. De l'Église et de l'État. *(N.D.A.)*

d'autres gouvernements agir dans nos lieux de prière. Ce n'est pas normal.

D. P. : Vous pensez que ces imams font la part trop belle à la politique ?
H. C. : C'est arrivé, ça arrive encore. Ces pays ont des intérêts, ils peuvent être engagés dans des conflits, à l'intérieur ou à l'extérieur. Ils aiment contrôler. Lorsque l'Algérie a été déchirée par la guerre civile, il y a eu des luttes terribles ici, en France, autour des mosquées. Pour les gouvernements, une communauté de croyants, c'est un instrument d'influence. En période électorale aussi il y a des tensions, ils regardent, ils écoutent, ils font passer des messages. L'imam peut avoir un rôle très important, positif ou négatif, dans la communauté des croyants.

D. P. : Vous-même, venant de Tunisie, n'avez-vous jamais travaillé avec le pouvoir tunisien avant la révolution ?
H. C. : Jamais. Ni avec l'ambassade, ni avec ses intermédiaires.

D. P. : Vous avez bénéficié d'un accueil officiel lors d'un voyage à Tunis. Ce n'était pas franchir la ligne ?
H. C. : Non. Il m'est arrivé d'être invité à parler sur une radio tunisienne en France. Celui qui s'en occupait était proche du gendre de Ben Ali. On a dit alors que j'étais proche du pouvoir tunisien : c'est faux. Je suis un imam, pas un homme politique ; celui qui vient me

serrer la main, je le salue. Plus tard, lors d'un voyage en Tunisie, j'ai effectivement bénéficié d'une protection et j'ai rencontré des officiels. Mais au nom de quoi faudrait-il rejeter ceux qui viennent vous voir ? J'ai du respect pour tous. Ça ne fait pas de moi un agent et encore moins un militant. La vérité est qu'il y avait déjà eu des articles sur moi en France. Vous imaginez le scandale pour le pouvoir tunisien s'il m'était arrivé quelque chose là-bas ? On m'a proposé de faire des discours. Je les ai faits bien volontiers. Dès lors qu'on me donne une tribune, j'en profite. On m'en a voulu parce que je ne disais pas : il faut chasser Ben Ali. Mais je ne veux pas m'intéresser à cet aspect-là des choses. Sinon, je serais en contradiction avec moi-même. La révolution, je n'étais ni pour ni contre. J'ai dit : « Attention. Il y a des acquis en Tunisie, le statut de la femme, la place de l'éducation. » Bien sûr, il n'y avait pas de liberté d'expression, et c'était regrettable. Je suis un homme de foi, pas de confrontation.

D. P. : Vous dites que l'imam fait le pont entre deux mondes : le texte religieux, le Coran, et la société dans laquelle on est. Vous le considérez comme un funambule...
H. C. : Absolument.

D. P. : Vous faites le pont tous les jours ?
H. C. : Oui. Dans toutes les prières, à chaque occasion. Lorsque les fidèles viennent me voir pour

un problème, j'essaie de les ramener vers le texte et je ramène le texte vers eux.

    D. P. : C'est toujours facile ?
    H. C. : Cela dépend. Certaines questions se rapportent à un moment, une période du temps du Prophète. «Comment appliquer ce précepte? Faut-il s'en tenir à ce qui était fait ou écrit dans le Coran?» Et là, j'explique : «Non, il ne faut pas lire le texte comme cela, seulement à la lettre, il y a une histoire derrière.» Il faut regarder. C'est pour cette raison que je ne peux pas parler aux gens par téléphone. Jamais. Quand ils viennent s'asseoir face à moi, je peux comprendre ce qui les anime, j'observe leur apparence, je saisis leur état d'esprit. Là, je peux m'engager : «Non, mon cher frère, ce n'est pas la bonne réponse.» J'explique que le Coran est un texte sacré mais qu'il s'adresse à l'être humain. Quand on traduit le mot *jihad* en français par «allez combattre», généralement cela ne signifie pas combattre avec des armes. Et lorsque c'est le cas dans tel ou tel verset où il est question de guerre sainte, bien souvent, cela ne nous concerne pas directement, c'est à mettre en relation avec un environnement, un contexte. Pour vous aussi, pour les chrétiens, il y a des événements historiques dans les textes sacrés. Il ne faut pas les lire aveuglément

    D. P. : Est-ce que «faire le pont» signifie aussi les conseiller dans la vie de tous les jours?

H. C. : C'est un aspect très important à mes yeux. L'imam, comme le curé chez vous dans les villages il y a un siècle, est un médiateur. Moi, on m'appelle pour toutes les questions du quotidien, il y a toujours du monde dans ma mosquée. Je ne conseille pas seulement sur le religieux, mais sur l'école, les soins, les relations avec la société dans son ensemble. Les questions vont des plus simples aux plus complexes : « Puis-je accepter que mon fils reste jusqu'à onze heures du soir dehors ? Qu'il dérange les voisins tandis que je pars faire la prière ? »

Pour moi, respecter les voisins, c'est une priorité tout autant que la prière.

D. P. : Et cela, ne pas laisser les enfants dehors, les imams vont l'apprendre au cours de leur formation ?

H. C. : Oui, au cours de leur formation...

D. P. : Parce que, *a priori*, cela n'a pas vraiment de relation avec le Coran. Cela relève plutôt du bon sens.

H. C. : En chaque imam, il doit y avoir un citoyen. Mais ne pensez pas non plus que la religion est déconnectée de ces questions. Le Prophète de l'islam a dit : « Celui qui ne respecte pas son voisin commet un péché. » La pratique de la religion ne se limite pas à l'intérieur de la mosquée, ce n'est pas une parenthèse dans la vie. On ne peut pas se contenter de faire les prières, les fêtes, l'aumône, et le reste du temps penser à autre chose. Non. Ce sont des valeurs et une conduite.

Attention : il ne s'agit pas de propagande, d'endoctrinement. On parle là d'une éthique, de valeurs positives, comme on les transmet aussi dans les églises ou les synagogues : l'amour, le partage. Je viens au-devant de mon voisin, comme il doit venir au-devant de moi, je lui dis bonjour avant qu'il ne le dise lui... Cela profite à tout le monde. Chacun se respecte. Et j'insiste encore : bien élever ses enfants, leur donner une éducation sérieuse, est un des devoirs essentiels.

D. P. : Comme vous le dites, le curé tenait sans doute à peu près le même discours il y a quelque temps. Aujourd'hui, on considère, à tort ou à raison, que ce n'est plus le rôle des religions de le dire, parce qu'elles sont généralement assignées à la seule sphère privée. Vous maintenez que l'imam – et peut-être le curé – devrait s'engager davantage dans les valeurs et la vie collectives ?

H. C. : S'il n'y avait pas autant de soucis de voisinage dans la société, de manque de respect, je serais d'accord avec cette conception. Mais il y a une crise des valeurs. Et cette crise, il faut chercher à y faire face par tous les moyens. Y compris avec la foi.

D. P. : Pas seulement avec l'instituteur ?

H. C. : Avec l'instituteur aussi, avec l'école, avec tout le monde. Avec les parents. Prenons l'exemple de la fête des voisins. La première fois que le maire m'en a parlé, j'ai été un peu surpris. Puis il m'a expliqué. Je lui ai dit :

«Lorsque l'ange Gabriel est descendu parler au Prophète de l'islam, il a insisté sur le voisin, sur le prochain. Donc moi le premier, je vais m'impliquer.» Et je l'ai fait dans mon quartier. Ils ont fermé la rue, j'ai fait sortir les tables. Après, on a fait les méchouis. Les voisins sont arrivés. Je me souviens des paroles de l'un d'eux, un Portugais : «Ça fait cinquante ans que je vis ici, c'est la première fois qu'on est ensemble comme ça.» Quelques-uns ne sont pas venus. L'année suivante, ils étaient tous là. Cent quatre-vingts personnes. Certains avaient amené du vin, d'autres une galette. J'ai dit : «Je suis un imam, je ne bois pas de vin, mais laissez-le sur votre table, un autre le boira.» Cela n'a pas été sans frictions. Certains ont vu d'un mauvais œil l'arrivée des jeunes du quartier parce qu'ils en avaient un peu peur. J'ai dit : «Ne vous inquiétez pas. Accueillez-les et offrez un sandwich ou un gâteau, c'est aussi le meilleur moyen de les encourager à vous respecter davantage.» Les jeunes se sont rapprochés, je les ai encouragés : «Dites bonjour, dites bonjour...» Et chacun a commencé à se parler.

D. P. : Revenons à l'islam de France tel que vous l'appelez de vos vœux. Comment faire pour couper les liens avec les pays d'origine?

H. C. : Il ne s'agit pas de couper les liens. Chacun est en droit de conserver les liens qu'il souhaite avec sa terre d'héritage. Il s'agit d'en finir avec les ingérences étrangères. On le fera par une volonté politique et par la formation des imams. Ces lieux de prière sont ceux des Français et pour les Français. Ils ne sont pas rattachés à telle ou telle ambassade. Si ces ambassades veulent s'adresser à leurs concitoyens et les aider, on peut imaginer une organisation attachée au ministère de l'Intérieur ou à des fondations, en toute clarté. Elles peuvent donner des moyens, mais pas envoyer des imams, les former ni les régenter. Là, on commencera à libérer les lieux de prière.

D. P. : Pourquoi, d'après vous, les gouvernements ne le font pas ? Pour des motifs diplomatiques ?

H. C. : Oui, c'est la première raison. Ces gouvernements des pays d'origine étaient stables, et certains le sont encore. La France travaille avec eux. Il y a donc des contrats, des échanges de bons procédés. Il y a une histoire, des relations cordiales. Il y a une forme de facilité. Comme je vous le disais, le système est né d'une époque où l'on pensait que les travailleurs immigrés allaient retourner chez eux une fois la retraite arrivée, donc la question d'un islam de France ne se posait pas. On a continué à sous-traiter ces questions que l'on connaissait mal. Puisqu'il y avait des volontaires.. Puisque à l'époque M. Ben Ali ou le roi Hassan II s'en occupaient. Cela, croyez-moi, ce n'est pas la solution. Il faut un sursaut, sinon il peut y avoir une incompréhension croissante et même un divorce. Il faut qu'on se reprenne. Il faut que la France se reprenne. Il faut penser à une chose : à nous, à nos enfants, à des générations et des générations...

D. P. : Mais le problème principal, aujourd'hui, celui qu'on a évoqué ensemble, est celui, d'une part, de cet islam communautaire, de confrontation, et d'autre part de ces délinquants ou fanatiques qui peuvent basculer dans le terrorisme au nom de l'islam. Sont-ils vraiment liés avec ces mosquées contrôlées par des États étrangers ? Ne sont-ils pas plutôt des électrons libres ?

H. C. : Oui et non. D'abord, il y a des pays à risque, des pays qui pourraient basculer dans l'intégrisme. Je n'ai pas besoin de vous faire un dessin. On ne sait pas ce qui peut se passer au Mali. Vous savez combien il y a de Maliens en France ? Il y en a des dizaines de milliers, sans doute des centaines de milliers. Donc, si on avait laissé Aqmi[1] et les groupes radicaux prendre le pouvoir... Vous savez aussi que la situation est incertaine après les révolutions arabes. C'est une première raison pour se gérer soi-même.

D. P. : Les islamistes dont on parle sont pour la plupart des Français nés en France. Peuvent-ils vraiment être influencés par leur pays d'origine ? Est-ce le principal ressort ?

---

1. Al-Qaida au Maghreb islamique. *(N.D.A.)*

H. C. : Ces jeunes viennent tout de même à la mosquée. Celui qui pratique la religion est obligé de venir à la mosquée. Même Mohamed Merah et Jérémie Louis-Sidney ont fréquenté la mosquée. Les discours radicaux, c'est vrai, y sont rares. On les entend plutôt dans les appartements, dans les lieux privés, dans les hangars, dans les sous-sols. Parce que les extrémistes ont l'intelligence de comprendre qu'il y a des services de renseignements qui les repéreraient très vite. Et que les musulmans pratiquants seraient les premiers à les dénoncer pour qu'il n'y ait pas d'amalgame entre l'islam et l'intégrisme. C'est leur devoir.

Mais, au-delà de cela, les imams français seront beaucoup plus efficaces parce qu'ils parleront le même langage que ces gens, parce qu'ils auront peut-être vécu sur les mêmes bancs d'école, dans les mêmes quartiers. Donc il leur viendra plus facilement les mots et l'envie de les cadrer et de les guider. Ensuite, qu'est-ce qu'il nous manque ? Il nous manque l'amour de la patrie. Ma foi ne trahit pas ma patrie. Il faut aimer la France. On en a besoin. Quand je rentre dans une synagogue, j'entends le rabbin qui parle : il prie pour la France et la République. Cela me rend un peu jaloux. Ce n'est pas normal : nous, les imams, pourquoi ne prions-nous pas pour la France ? Aussi, c'est notre patrie ! En tant que citoyen, je veux la protéger pour moi, je veux la protéger pour mes enfants. C'est ma fierté que mes enfants réussissent ou qu'un autre enfant devienne médecin ou soldat. Cet amour, l'imam qui n'a pas vécu ici ne peut pas le connaître.

D. P. : Mais vous, Hassen Chalghoumi, né en Tunisie, formé à l'étranger, notamment au Pakistan, on l'évoquait plus haut, vous êtes un imam de la tolérance et de la République...

H. C. : Parce que c'est ma liberté. Je suis un homme libre. Si j'étais salarié de tel ou tel pays, je ne pourrais pas avoir cette liberté, je serais obligé de demander à mon patron ce que je peux dire. Et, comme je vous le disais, je suis quelqu'un qui aime sa patrie, sa terre, cette terre d'accueil. En Tunisie, j'ai été éduqué dès le début dans l'amour de la patrie, *el watan*... Avant de commencer le cours, on était obligés de célébrer la patrie. Dans l'islam, il y a même des hadiths[1] qui disent : «Aimez votre terre comme vous aimez votre Dieu.» C'est une partie de notre foi. Mon père, lorsqu'il me voyait, riait et me lançait : «Dis, mon fils : vive la République!» J'avais sept ans à peine. C'est toute mon enfance. Cette éducation a imprégné mon esprit. J'y suis fidèle aujourd'hui en aimant ma nouvelle patrie, celle que j'ai choisie, la France. La recherche d'un islam ouvert vient de là. Toutes ces valeurs françaises sont le produit de siècles et de siècles, ça ne s'est pas fait en deux ou trois jours, ni en quelques années, comme le pétrole du Qatar... Non, ce sont des hommes révoltés qui ont construit cela,

---

1. Textes relatifs aux actions et déclarations du Prophète. *(N.D.A.)*

qui y ont mis leur cœur. C'est aussi ce que j'admire en la France, son cœur, son obsession de l'homme : l'être humain trouve sa place, sa dignité, le respect... Même s'il y a un certain racisme qui existe, il reste isolé.

D. P. : Vous parliez de Jérémie Louis-Sidney, cet homme qui était, semble-t-il, le chef d'un réseau qui préparait des attentats. Il fréquentait effectivement la mosquée de Cannes. L'imam de cette mosquée est de toute évidence un « républicain », en tout cas, sa mosquée est ouverte, un peu comme la vôtre. Cela n'a rien empêché. L'imam avait remarqué le petit groupe, il se doutait qu'ils étaient salafistes, mais entre salafistes et terroristes, il y a quand même un monde. Et on n'a pu ni les ramener dans le droit chemin, ni les identifier avec assez de précision pour les empêcher de nuire.

H. C. : Cet imam a peut-être permis d'éviter que ce groupe soit plus important, il a peut-être permis d'éviter qu'il y ait plus de violence. C'est très difficile à dire. Des fanatiques isolés, des déséquilibrés, il y en aura sans doute qu'on ne pourra jamais repérer, malheureusement. Vous savez, ce n'est pas par l'intermédiaire de l'imam, mais par les sites Internet, les fréquentations ou un voyage à l'étranger que les extrémistes basculent. Mais heureusement qu'il y a des imams comme lui. Parce que lorsque vous avez un imam qui prêche en face de deux mille fidèles, et que malheureusement il dérape et appelle à la haine, il y aura toujours des fidèles pour l'écouter et aller dans ce sens. À l'inverse, un imam peut faire prendre conscience de leurs responsabilités aux parents, aux grands, aux adultes, en disant : « Quand vous entendez quelqu'un dire : "Je veux aller au Yémen faire le jihad...". dites-lui que le jihad, ce n'est pas assassiner les autres, le jihad, c'est faire des efforts, donner de l'amour, partager, prôner la tolérance, se sacrifier, nettoyer son âme, la purifier... » Quand les parents entendront leur fils commencer à tenir des propos haineux, des propos de rejet de l'autre, à émettre des idées radicales, ils sauront que ce n'est pas la religion.

D. P. : Est-ce que l'État français doit aider ou financer la formation des imams de France ?

H. C. : Oui, c'est une priorité. La laïcité, ce n'est pas la lâcheté, ce n'est pas se laisser faire. Non. C'est fini, c'est la sûreté de nos enfants qui est en jeu. C'est l'harmonie d'un pays qui est en jeu. Nos imams, c'est notre avenir. Quand on était en voyage en Palestine et en Israël et qu'on se présentait en tant que Français et imams, j'étais fier ; mais, en même temps, ils nous parlaient de Merah. Cela provoque un malaise.

D. P. : Mais il n'est pas possible que la France donne de l'argent pour la formation des imams. Ce serait se mettre en infraction avec la loi sur la séparation de l'Église et de l'État.

H. C. : Prenez l'Alsace et la Moselle : c'est une autre forme de laïcité[1]. Là-bas, on peut créer une université pour former des imams.

D. P. : Des imams, il y en a déjà par ailleurs qui sont formés à la mosquée de Paris ou par l'UOIF (Union des organisations islamiques de France).
H. C. : Oui, et je leur rends hommage pour cela. Mais ils ne sont qu'une vingtaine par an. C'est un début mais ce n'est pas assez. Et on ne forme pas un imam avec quelques heures de cours par semaine. La formation dure quatre, cinq ou six ans.

D. P. : D'après vous, la grande mosquée de Paris n'est pas assez ambitieuse ?
H. C. : Elle n'est pas en cause. La tâche est immense. Il y a six millions de musulmans, plus de deux mille lieux de prière, et ce dont nous avons besoin, en priorité, ce sont des imams. La majorité de nos concitoyens cherchent des imams francophones, qui sont nés ici, qui connaissent nos problèmes, qui dans leurs prêches parlent du quotidien et pas de Tombouctou. Parce qu'ils seront passés par l'école publique, parce qu'ils sauront ce que signifie la paternité, l'autorité, la France, les valeurs, l'histoire...

---

1. L'Alsace-Moselle bénéficie toujours d'un régime spécial instauré par Napoléon, celui du concordat. Il déroge à la loi sur la laïcité de 1905 qui interdit le financement public des cultes. La grande mosquée de Strasbourg, par exemple, a bénéficié d'un financement public. *(N.D.A.)*

D. P. : Est-ce que l'État peut ou doit financer les mosquées ?

H. C. : Ce n'est plus vraiment le problème. Soixante à quatre-vingts pour cent des mosquées sont déjà construites. J'aime rappeler que la mosquée de Paris a été construite pour remercier les musulmans qui ont combattu pour la France en 1914-1918. Pour le reste, on peut trouver une solution ville par ville. Il y a des communes où on compte deux cents fidèles, d'autres où il y en a trois mille, quatre mille. Les solutions ne peuvent pas être les mêmes. Il faut être pragmatique. Les mairies peuvent prêter des salles, les louer.

D. P. : On peut proposer une aide malgré la loi de 1905 ?

H. C. : Tout à fait, en passant par les associations culturelles qui englobent le culte. On trouve toujours des solutions, parfois sans que la ville donne un centime. La loi de 1905 permet de prêter ou de louer des salles dans un but culturel...

D. P. : Comment cela s'est passé à Drancy ?

H. C. : C'est une salle qui est en location-vente. On la loue puis on rembourse.

D. P. : À la ville ?

H. C. : Voilà. Cela veut dire qu'à terme elle n'aura pas payé un centime. C'est nous qui remboursons, même si ce sera long. C'est très important. Je préfère cela à l'ingérence étrangère.

D. P. : Et qui vous paie tous les mois ? C'est l'association culturelle dont vous êtes le président ?

H. C. : Oui, je tire mon salaire de l'école attenante à la mosquée où nous donnons des cours d'arabe, d'islam et d'histoire de l'islam.

D. P. : Êtes-vous rétribué par le CRIF (Conseil représentatif des institutions juives de France) ou par d'autres organisations juives ? Est-ce que vos liens sont également financiers ?

H. C. : Non. Mes adversaires le brandissent comme une accusation. C'est faux. C'est étrange comme, dès lors que vous défendez une conviction qui ne plaît pas, en l'occurrence le dialogue interreligieux, surtout avec nos amis juifs car je pense que c'est très important en ce moment, vous êtes forcément manipulé. C'est terrible si on y pense. Parce que je dis : « La France n'est pas une excroissance du Proche-Orient », parce que je refuse d'importer le conflit, je serais une marionnette. C'est triste. On dit aussi : « Vous vous occupez plus des Juifs que des musulmans. » Mais c'est parce que cela semble si inhabituel quand je le fais que les médias sont toujours là. Et tant mieux d'une certaine manière, même si on commence à me le reprocher aujourd'hui. Vous savez, il y a une tendance étonnante à tout tourner en négatif. Moi, je défends une vision, je ne prétends pas me substituer aux autres, je ne prétends pas être un grand manitou. Je ne suis pas un homme politique, comme je le disais. Je suis libre, libre. Mais parfois j'ai l'impression que je devrais ne rien faire, ne rien dire.

D. P. : Si vous étiez effectivement aidé par le CRIF, est-ce que ce serait scandaleux ?

H. C. : Il vaut mieux l'éviter. Ça ne me pose pas de problème de participer à des soirées aidées, ou à des voyages financés. Cela a été le cas à Toulouse après les attentats. Ici, à Drancy, il y a aussi la Fondation pour la mémoire de la Shoah qui fait des choses. Mais un financement régulier, non.

D. P. : Les prêches doivent-ils se faire en français ?

H. C. : Oui, car une majorité de fidèles ne comprennent pas l'arabe. C'est très important. Et ce n'est pas seulement pour le prêche du vendredi : il y a des discours la semaine, il y a les conseils quotidiens de l'imam aux fidèles.

D. P. : On constate que la conversion à un islamisme fanatique s'effectue parfois en prison. Il y a un nombre très faible d'aumôniers musulmans et cela laisse libre cours, semble-t-il, au pouvoir d'influence des intégristes. Faut-il là aussi davantage d'aumôniers ?

H. C. : Je pense honnêtement que ce n'est pas si fréquent. Ce ne sont que quelques cas. La prison, bien sûr, est un univers propice. Le détenu est seul, isolé, coupé du monde. Il est face à lui-même, commence à réfléchir, il sait qu'il a fait des bêtises, que ses parents ne sont pas fiers de lui. S'il est issu d'une famille musulmane, il a quand même une part de foi et se dit : je veux retourner vers le bon chemin, comment est-ce que je reprends ma vie en main ? Dans ce cadre-là aussi, il y a tout intérêt à ce qu'il trouve en face de lui un guide qui connaisse l'islam et qui puisse le comprendre. Là aussi, il faut des aumôniers français qui connaissent la réalité des quartiers et qui puissent trouver les mots et le ton.

D. P. : La France est le premier pays d'Europe par le nombre de musulmans et le premier pays aussi par le nombre de Juifs sur son sol. Un autre de vos mots d'ordre est de faire comprendre que notre pays ne peut être le miroir du conflit israélo-palestinien. Mais l'oumma, la communauté des croyants musulmans, n'est-elle pas sans frontières ? Cette appartenance ne pousse-t-elle pas justement à se solidariser avec des musulmans en difficulté, qu'on soit en France, au Pakistan, en Chine ou en Égypte ?
H. C. : Oui. Tout musulman se sent partie prenante de l'oumma au sens humain. On est musulmans, on se soutient.

D. P. : On envoie de l'argent quand il y a une catastrophe, un paquet...
H. C. : Oui, il faut apporter de l'aide. Par la Croix-Rouge, par le Secours islamique ou autre. Mais entre aider et importer un conflit, il y a un monde. Je peux

soutenir la cause des Palestiniens, j'ai été plusieurs fois sur place et nous avons fait des quêtes. Il n'y a pas de contradiction avec la volonté de faire le bien et de veiller sur son prochain dans son village. Je vais là aussi vous donner un exemple : la charia, la loi islamique, indique qu'on ne peut pas donner l'aumône tant que sa propre famille est dans le besoin. Oui, la priorité, c'est la famille, les proches. Nous, musulmans de France, vivons parfois dans des quartiers où, comme à Gaza, il y a des soucis, des conflits. On peut être solidaires des Palestiniens par la prière sans approuver le terrorisme. Ils ont le droit d'avoir leur État. Mais cela ne doit jamais amener à haïr l'autre, *a fortiori* lorsqu'il est mon voisin.

D. P. : Vous sentez-vous vraiment, sur ce point, sur la même longueur d'onde que certains de vos amis porte-parole de la communauté juive en France ? Beaucoup d'entre eux interviennent directement pour commenter ce conflit et défendre le point de vue israélien. N'est-ce pas accréditer l'idée, que vous combattez, que le religieux transcende les frontières et qu'il a partie liée avec le politique ?

H. C. : Sans doute. Beaucoup dans notre communauté franchissent malheureusement ce pas, mais ils sont nombreux aussi dans la communauté juive. Si je suis juif, ça ne veut pas dire que je dois afficher un soutien public à Israël. Le pire, ce sont ceux pour qui le soutien à Israël conduit à la haine des musulmans.

Si je pouvais donner un conseil, à la fois aux Juifs et aux musulmans, ce serait : nous ne sommes ni israéliens ni palestiniens, nous sommes des Français. Cela n'empêche pas de soutenir l'idée de deux États qui vivent en paix l'un à côté de l'autre. Mais nous sommes en France et c'est l'histoire de la France qui nous regarde ! Quand j'étais à Yad Vashem, le mémorial de l'Holocauste, on m'a posé la question sur les musulmans de France pendant la guerre. Je leur ai dit : « Croyez-moi, si j'avais été là, et si des Juifs étaient venus à la mosquée de Drancy, je les aurais protégés, je les aurais cachés dans les sous-sols, j'aurais donné des attestations, et je suis sûr et certain que tous les imams qui étaient avec moi ce jour-là auraient été prêts à donner leur vie pour les protéger. » Il faut aussi que les responsables de la communauté juive mettent cela en avant. En France, on le sait peu. En Israël, il y a les oliviers plantés en mémoire des Justes. J'aimerais tellement qu'il y en ait un pour le recteur de la mosquée de Paris qui a sauvé mille sept cents personnes. Ce serait un beau symbole.

D. P. : Si vous aviez aujourd'hui face à vous le pouvoir politique, que lui diriez-vous ? Quelle est l'urgence ?

H. C. : Je lui dirais : agissons avant qu'il ne soit trop tard. Il n'y a pas, en 2012, d'islam de France, il y a un islam en France. On ne veut pas voir le problème, on s'en remet aux municipalités. Je suis le premier à dire qu'il faut faire du cas par cas. Mais c'est aussi à l'État de prendre les choses en main pour ne pas laisser la situation s'envenimer. Une histoire me revient à l'esprit. Celle de la rue Myrha, à Paris. Des centaines de fidèles qui prient dans la rue tous les vendredis. Vous imaginez un tel spectacle en plein Paris ? La circulation bloquée, les gens énervés ? Cela a duré des années. On a attendu que l'extrême droite en parle pour s'en occuper. Et pourquoi ? Parce qu'il ne fallait pas stigmatiser ? Parce qu'il ne fallait pas se mettre tel ou tel mouvement à dos ? C'est en laissant perdurer de telles situations qu'on monte les uns contre les autres ! Moi, en tant qu'élu, si j'avais vu mes concitoyens prier dehors, j'aurais pris mes responsabilités. J'aurais appelé les responsables de l'association, parlé avec eux, évalué la bonne foi des uns et des autres. Enfin ! On veut un islam modèle, qui ne provoque pas, et on laisse faire ça ! ?

D. P. : Et aujourd'hui, que demanderiez-vous ?

H. C. : Quelques choses simples. Premièrement, on investit pour créer un islam de France. Donc on donne un coup de pouce pour la formation des imams, il faut en former non pas vingt ou trente, mais deux cents par an. En parallèle, on arrête de faire comme si l'islam était l'affaire des pays étrangers, et notamment des pays arabes. Deuxièmement, il faut renforcer l'autorité du CFCM en modifiant les règles électorales. Aujourd'hui, on élit les représentants en fonction du nombre de mètres carrés de chaque mosquée, chacune étant affiliée à une fédération liée elle-même à un État étranger. Je pense que, après avoir éloigné ces puissances étrangères et stoppé l'importation des imams, on pourrait se rapprocher d'un vote des fidèles ou des imams eux-mêmes. Troisième chose : n'y a-t-il rien à faire contre la prolifération de sites soi-disant musulmans qui font de la politique et appellent à la haine ? N'y a-t-il rien à faire non plus contre les groupes extrêmes qui les nourrissent ? Enfin, il y a le plus important et le plus difficile : valoriser les réussites, cesser d'enfermer ces jeunes musulmans dans les ghettos et dans une image dévalorisante.

D. P. : Depuis des années, vous vous battez sur tous les fronts, les radicaux ou les sceptiques de votre camp, les pouvoirs publics, vous êtes critiqué, insulté, menacé ... Qu'est-ce qui vous fait trouver la force de tenir ?

H. C. : Je ne le fais pas par goût de l'aventure, je ne le fais pas pour la gloire, je le fais par conscience et par devoir. Qu'est-ce que j'y gagne ? C'est mon caractère : je suis obstiné. Quand j'ai quelque chose en tête, j'avance jusqu'au moment où le travail est terminé. Lorsque je suis parti étudier l'islam, je ne me suis pas arrêté à un seul pays, ni à deux pays, j'ai cherché, j'ai voulu comprendre. Cela m'a pris des années. Aujourd'hui, en France, je ne peux pas admettre que la religion continue à se mélanger à la politique. Je ne peux pas admettre qu'on ne puisse pas parler sans être menacé, que la liberté si chère à ce pays soit bafouée. Oui je suis menacé, oui je suis en danger, mais c'est la société qui est en danger si on ne fait rien. Que ce soit avec moi ou avec d'autres, il faut bouger. Pour la société, mais aussi pour l'islam lui-même. Sa force et sa vitalité ne renaîtront pas du retour en arrière, de l'affrontement sur la viande halal ou du rapport de forces sur la prière dans la rue. Elles renaîtront de sa grandeur morale et spirituelle comme il y a près de mille ans, lorsque toute l'Europe du savoir et de la spiritualité tournait autour de l'Espagne musulmane, autour d'un islam ouvert.

Manifeste

**Au nom de Dieu, le Clément, le Miséricordieux
Paix et Salut de Dieu sur Son Prophète
Mohamed et tous Ses Prophètes**

Dieu dit : *« Ô Hommes ! Nous vous avons créés d'un mâle
et d'une femelle, et nous vous avons répartis en peuples et
en tribus pour que vous fassiez connaissance entre vous.
En vérité, le plus méritant d'entre vous auprès de Dieu
est le plus pieux. Dieu est omniscient et bien informé. »*
(Coran, sourate 49, les appartements, verset 13.)

Dieu dit . *« Ô les croyants ! Soyez stricts (dans vos devoirs)
envers Allah et (soyez) des témoins équitables.
Et que la haine pour un peuple ne vous incite pas à être
injustes. Pratiquez l'équité : cela est plus proche
de la piété. Et craignez Allah. Car Allah est certes
parfaitement connaisseur de ce que vous faites. »*
(Coran, sourate 5, la table servie, verset 8.)

> Le Prophète de l'Islam, paix et salut de Dieu sur Lui, a dit : « *Quiconque commet un acte d'injustice envers un non-musulman ou porte atteinte à ses droits, lui demande quelque chose au-delà de ses capacités ou lui prend quelque chose sans son consentement, je serai son adversaire le jour du Jugement.* »
> (Sunan Abu-Dawud 170/3, al-Tirmidhi 336/3.)

Nous, imams et citoyens français musulmans, nous croyons que l'amour de la patrie fait partie de notre foi.

Nous souhaitons qu'émerge et se développe un islam de France. Un islam fier de ses valeurs et pleinement ancré dans la république. Un islam qui respecte l'espace public et les lois de la laïcité. Nous souhaitons que tous les musulmans soient des citoyens modèles, attachés à leur culte autant qu'à l'éducation de leurs enfants et à l'entraide de leur prochain.

Nous récusons la confrontation, la violence et la récupération de notre religion à des fins identitaires ou terroristes. L'islam n'est l'ennemi de personne sauf de la haine et de l'intolérance. Nous récusons également toute instrumentalisation à des fins politiques.

Cet islam de France ne peut être porté que par des imams formés dans notre pays, qui en connaissent l'histoire, la langue et les lois. Nous appelons chacun, pouvoirs publics, associations musulmanes, fidèles, à œuvrer en ce sens. À ne pas abandonner l'islam à des forces étrangères. À se montrer fermes avec ceux qui salissent l'islam en se réclamant de lui.

Nous, imams de France, disons qu'il y a urgence à agir car les extrêmes se nourrissent les uns des autres. Dans nos sociétés médiatiques, ils occupent le devant de la scène et occultent les majorités silencieuses. Ils produisent l'incompréhension, la peur et le rejet.

Nous appelons aussi tous nos concitoyens non musulmans qui œuvrent pour vivre ensemble et pour la paix sociale entre les Français à agir dans notre sens. Il faut barrer la route aux extrémistes de tous bords et faire arrêter cette hémorragie de la haine qui jour après jour étouffe notre société.

N'attendons pas! Nous pouvons agir avant qu'il ne soit trop tard!

Liste des dix signataires

1. Imam M. HASSEN CHALGHOUMI,
   président de la conférence des imams de France.
2. Imam M. SAM SAMBA,
   de la communauté malienne de France (Paris).

3. Imam M. TOURABALLY,
   de la communauté mauricienne de France (Paris).

4. Imam M. GASSAMA KEMADOU,
   de la communauté sénégalaise de France (Paris).

5. Imam M. FIHAKHIR MOHAMED,
   imam de la ville de Farschviller (57).

6. Imam et Mofti M. ALI MOHAMED KASSIM,
   de la communauté comorienne de France à Marseille.

7. Imam M. RACHID ZEJLI,
   recteur du centre culturel musulman de Troyes.

8. Imam M. LAHCEN AMEZGOUAN,
   imam de la ville de Forbach (57).

9. Imam M. KAZOUT MOHAMED.

10. Imam M. NORDINE MOHAMED TOIOUILOU.

Table

Introduction 9
Face à l'islamophobie 21
Face à la violence et au communautarisme 39
Le défi de la laïcité 65
Comment mieux vivre ensemble :
pour un islam de France 89
Manifeste 117

et aussi
au cherche **midi**

Documents « Actualité »

PHILIPPE BILGER
États d'âme et de droit

JEAN-LUC CALYEL
GIGN. Les secrets d'une unité d'élite

DIDIER DAENINCKX
La Mémoire longue

MARC FRESSOZ
F.G.V., Faillite à grande vitesse

MÉLINA GAZSI
Les Scandales du permis à points

NICOLE GUEDJ
Pour des Casques Rouges à l'ONU

AUDREY GUILLER, NOLWENN WEILER
Le Viol, un crime presque ordinaire

BRENDAN KEMMET
S.O.S Police. Scènes de la vie quotidienne

JEAN-YVES LE BORGNE
La Garde à vue, un résidu de barbarie

JEAN-PIERRE LUMINET
Astéroïdes : la Terre en danger

PATRICK PELLOUX
Urgences pour l'hôpital
Urgences... si vous saviez

HOMAYRA SELLIER – SERGE GARDE
Enquête sur une société qui consomme des enfants

Documents « Politique »

ALAIN BOCQUET
Un Marx, et ça repart !

OLIVIER BESANCENOT
On a voté... et puis après ?

CHARLES DE GAULLE
Traits d'esprit

JULIEN DRAY
Et maintenant ?
L'Épreuve

CLAUDE ESTIER
François Hollande. Journal d'une victoire

JEAN-CHRISTOPHE LAGARDE
Les Hypocrisies françaises

PIERRE MOSCOVICI
Mission impossible ? Comment la gauche peut battre Sarkozy en 2012

MANUEL VALLS
L'Énergie du changement. L'abécédaire optimiste

Documents « Histoire »

GIOVANNI BIGNAMI
Des étoiles et des hommes

DENIS COHEN ET VALÈRE STARASELSKI
Un siècle de Vie ouvrière

THIBAULT DAMOUR
Si Einstein m'était conté

PHILIPPE LAMARQUE
Le Débarquement en Provence jour après jour

CHRISTIAN LANGEOIS
Marguerite. Biographie de Marguerite Buffard-Flavien (1912-1944)
Henri Krasucki. 1924-2003

DOMINIQUE LORMIER
La Bataille de France jour après jour
L'Apport capital de la France dans les victoires des Alliés
La Libération de la France jour après jour

MAURICE RAJFSFUS
Opération étoile jaune
La Rafle du Vel d'hiv
Candide n'est pas mort

Documents « Biographies/Témoignages »

FLORENCE AMIOT-PERLMEYER
Je t'embrasse un grand coup. Rencontres avec Lucie Aubrac

CHRISTOPHE CAUPENNE
Négociateur au R.A.I.D

ROLAND DUMAS
Coups et blessures. 50 ans de secrets partagés avec François Mitterrand

ZOSIA GOLDBERG
À travers le feu
Laurent Huberson, Jean-Pierre Diot
Garde du corps. 15 ans au Service des hautes personnalités

OLIVIER DE KERSAUSON
Ocean's songs

DENIS LEFEVRE
Les Combats d'Emmaüs
Les Combats de l'abbé Pierre

IVAN LEVAÏ
Chronique d'une exécution

EDVARD RADZINSKY
Joseph Staline

FRANÇOISE SAGAN
Tout le monde est infidèle. Entretiens avec André Halimi

SIHEM SOUID
Omerta dans la police.
Abus de pouvoir, homophobie, racisme, sexisme

VÉRONIQUE VASSEUR
Médecin-chef à la prison de la Santé

Documents « Société/Économie »

STÉPHANIE BECQUET
Journal d'un médecin généraliste

SAUVEUR BOUKRIS
Ces médicaments qui nous rendent malades

CHANTAL BRUNEL
Pour en finir avec les violences faites aux femmes

PR PHILIPPE EVEN ET PR BERNARD DEBRÉ
Guide des 4 000 médicaments utiles, inutiles ou dangereux

MARTIN MONESTIER
Peines de mort
Les Animaux soldat
Les Mouches

EMMANUEL PIERRAT ET LAURENT KUPFERMAN
Le Paris des francs-maçons

DOMINIQUE SOPO
Combat laïque

RAOUL VANEIGEM
De l'amour
Lettre à mes enfants et aux enfants du monde à venir

Réalisation : IGS-CP (16)
Imprimé en France par CPI Firmin Didot
Dépôt légal : février 2013
N° d'édition : 3055 – N° d'impression : 116422
ISBN 978-2-7491-3055-2